EL SUEÑO DEL BEBÉ

La Solución Para Los Bebés Que No Dejan De Llorar

La Guía Sin Estrés Para Los Padres Cansados Con Toda La Información Sobre El Sueño Del Bebé Para Que Duerma Sin Problemas

Primeriza Madre

Tabla de Contenidos

Introducción 4
Capítulo 1 - Los fundamentos del sueño del bebé 9
    Ciclos de sueño del bebé por edad 10
    ¿En qué se diferencian los ciclos de sueño por edad? 12
    5 datos fascinantes sobre el sueño de su bebé 16
    Precauciones importantes para mantener seguro a su bebé mientras duerme 18
    ¿Qué pasa con el co-dormir? 20
    ¿Qué hay de ti? Cómo manejar el sueño interrumpido 22
Capítulo 2 - Cómo organizarse 26
    Todo lo que necesita para el área de descanso de su bebé 26
    ¿Dónde debe dormir su bebé? 29
    Asociaciones del sueño: Qué son y cómo pueden ayudar .. 29
    ¿Qué es un registro de sueño? 37
Capítulo 3 - Problemas de sueño del bebé 39
    8 problemas Comunes del Sueño del Bebé por Edad y Cómo Controlarlos 39
    Corrigiendo las razones menos comunes para un sueño deficiente 44
    Lo que significan los hábitos de sueño de su bebé 47
Capítulo 4 - Preparación para el Entrenamiento del Sueño 51
    Duras verdades sobre el entrenamiento del sueño que todos los padres deben saber 52
    ¿Está su bebé listo para el entrenamiento del sueño? 57
    Cómo elegir el método correcto de entrenamiento del sueño para su bebé 60
Capítulo 5 - Éxito del entrenamiento del sueño 63
    4 métodos Transformativos de Entrenamiento del Sueño 63
    Entrenamiento del sueño en más detalle: He aquí cómo .. 67

Cómo asegurarse de que su bebé duerma durante la noche 70
Por qué falla el entrenamiento del sueño y qué hacer 71
Capítulo 6 - ¡Es la hora de la siesta! 75
Estrategias para una siesta exitosa......................................77
¿Qué sucede si su bebé no toma una siesta? 79
Capítulo 7 - No hay problema demasiado grande 82
Comprensión de las regresiones del sueño por edad 82
Cómo lidiar con las regresiones del sueño 85
6 estrategias de sueño que los padres solteros deben saber.. 87
Dos bebés, muchas soluciones 91
Capítulo 8 - Cómo completar su kit de herramientas sin necesidad de usar nada de dinero 96
Cómo calmar a un bebé que llora 96
Patrones de llanto del bebé por edad 98
5 Remedios Efectivos para el Cólico................................... 99
Cómo ayudar a un bebé enfermo a dormir tranquilo 103
Conclusión 108

Introducción

La falta de sueño es una de las cosas que muchos padres encuentran más insoportables cuando llegan a casa con un nuevo bebé. Y durante cierto tiempo, es simplemente una parte integral de ser un nuevo padre. Pero hay cosas que usted puede hacer para que su bebé duerma mejor, y este libro le dará toda la información que necesita para disfrutar de noches más tranquilas con su bebé o niño pequeño.

Al final, usted debe sentirse listo para tomar las decisiones correctas para su familia sobre el entrenamiento del sueño, junto con el establecimiento de una rutina diaria, el manejo de siestas y enfermedades, y el manejo de un bebé que llora. He intentado destilar aquí todo lo que he aprendido al criar a dos bebés, y todo lo que los expertos en paternidad saben acerca de los bebés, los niños pequeños y el sueño.

El entrenamiento para dormir no siempre es fácil, y puede llevar a algunas noches de disgusto. Un bebé que llora es difícil para cualquier padre, y si usted ha tomado este libro porque ha intentado y no ha logrado que su bebé se duerma, usted tiene mi simpatía. Aprender a dormirse y permanecer dormido es algo que les viene más naturalmente a algunos bebés. Pero para otros, desafortunadamente, se necesita tiempo y esfuerzo por parte de los padres, a menudo exhaustos, para apoyar a su bebé a dormir profundamente y despertarse refrescado y feliz.

Si a esto se le suman problemas como los cólicos y las enfermedades comunes de la infancia, además de los padres que tienen que lidiar con más de un bebé, o la maternidad o paternidad soltera, no es de extrañar que los nuevos padres estén luchando.

Si eres tú, sin duda estás agotado y te preguntas qué hacer a continuación: ¿deberías intentar entrenar el sueño, controlar el llanto o alguna otra técnica sobre la que no hayas leído todavía? ¿Estás haciendo algo mal? ¿Le pasa algo malo a tu bebé? ¿Cuál es el secreto de las madres que tienen bebés tan "buenos"; las que duermen toda la noche sin quejarse?

Tenga la seguridad de que es completamente normal hacer todas estas preguntas a lo largo de su proceso de crianza. Pero por favor sepa que los problemas de sueño también son totalmente normales en bebés y niños pequeños, y con el tiempo las cosas mejorarán. Los bebés simplemente necesitan adaptarse al mundo al que han llegado, y algunos lo encuentran más fácil que otros. Esto no los hace `buenos' o `malos' bebés - ¡sólo hace que cada uno de ellos sea único! Los problemas de sueño en los primeros años son simplemente parte de ser padre, y no significa que usted esté haciendo algo malo. A veces, trabajar con el mal sueño y encontrar maneras de sobrellevarlo es tu mejor opción, y le mostraré cómo hacerlo en los capítulos siguientes, junto con opciones de entrenamiento del sueño seguro y suave.

Si vas a tener tu primer bebé pronto y quieres seguir adelante con tus habilidades como madre, este libro también será muy útil y hará que esos primeros días sean un poco más fáciles.

La mejor capacitación es en el trabajo, y como madre que ha criado a dos bebés, he pasado por los primeros días de vivir con un nuevo bebé privados de sueño, y sé lo que funcionó para mí. Puede que no sea exactamente lo que funciona para su bebé, eso es algo que usted debe descubrir. Lo que es fácil para un bebé puede no serlo para otro, por lo que puede ser frustrante recibir tantos consejos de personas externas bien intencionadas que no conocen a su bebé tan bien como usted. Deja que te guíen a medida que encuentras tu camino, y recuerda, aunque parezca que la gente sabe mucho más que tú, todos los que son padres están improvisando.

No trato de ofrecer a mis lectores una solución perfecta de talla única (la cual, cuando se trata de la crianza de los hijos, no existe de todos modos). Lo que les ofrezco en cambio es una serie de estrategias para probar, todas basadas en investigaciones sonoras y en los últimos hallazgos sobre el sueño de los bebés. Todas se basan tanto en cuidar a mis propios bebés como en hacer mi propia investigación extensiva y leer sobre el sueño del bebé. Como alguien que mira hacia atrás en esos primeros días de privación de sueño con sentimientos encontrados, siempre pienso en cosas que podría haber hecho mejor. Personalmente, con mi primer bebé, dejé que las malas noches duraran demasiado. Con mi segundo, yo tenía más confianza para tomar las riendas, y él dormía mejor desde una edad más temprana.

Siga leyendo para descubrir todas las cosas que puede intentar para que su bebé duerma mejor. Cuando intente estos enfoques, puede esperar un bebé menos irritable y exhausto que estará mucho más comprometido y feliz en sus horas de vigilia. El otro beneficio, muy importante, será para usted - con más sueño y menos tiempo tratando de dormir a su bebé, se sentirá mucho mejor, tendrá más energía y podrá seguir adelante con el proceso de vivir junto a su bebé.

Al igual que con cualquier cosa que tenga que ver con su bebé, siempre vale la pena obtener una opinión experta si hay algo que le esté molestando. La ayuda está ahí fuera, y sólo tiene que pedirla. Pero para muchos padres, es simplemente una cuestión de saber qué esperar y cómo puede guiar a su bebé en la dirección correcta.

También le explicaré detalladamente todas las cosas en las que debe pensar en relación con el sueño seguro: el equipo que necesita, dónde debe dormir su bebé y cómo evitar cualquier accidente. Hablaremos de hábitos de sueño extraños, cómo mantener un registro de sueño y cómo llevar a cabo el entrenamiento de sueño, usted sentirá que esto es lo que necesita para su propio bienestar y el de su familia. Las horas de la siesta, la regresión del sueño y lograr que su bebé duerma bien cuando está enfermo son otras áreas que usted puede encontrar útiles en momentos particulares de su vivencia . Y veremos los problemas de sueño de los padres solteros, así como los de los que cuidan de más de un bebé.

Lo que ofrezco no son soluciones claras, sino un marco y unas directrices para que usted pruebe y vea qué es lo que funciona para usted. Cuando se trata de bebés y niños pequeños, este es el único enfoque sensato! Tenga la seguridad de que al establecer rutinas y un horario amigable alrededor del sueño, así como cierta consistencia, usted estará bien encaminado hacia mejores noches.

Así que tranquilízate y trabaja en este libro en tu tiempo libre, tomando nota de lo que funciona para tu bebé, dejando atrás lo que no funciona, y puede que intentes cosas un poco más adelante en el camino - a veces tu bebé sólo necesita un poco más de tiempo.

Les prometo que al final del túnel tendrán muchas ideas nuevas con las que trabajar, y comenzarán a ver la luz al final del túnel. Lo que no quiero que hagas es que caigas en la desesperación por el sueño de tu bebé - estos preciosos meses en los que tu bebé es pequeño pasarán rápidamente, e idealmente debería haber muchos momentos de alegría para ti también.

Permítame asegurarle una vez más que hay muchas maneras en las que usted puede ayudar a su bebé a convertirse en un mejor durmiente con un sueño más largo. Por favor sepa que cuando esto suceda, su vida diaria juntos será mucho más fácil. También vale la pena recordar que no todos los problemas pueden ser resueltos por usted, sino por el paso del tiempo - su bebé crecerá un poco, aprenderá nuevas habilidades, y de repente lo que le estaba molestando acerca de su sueño simplemente ha dejado de suceder. Esta es una de las cosas más asombrosas sobre la crianza de los hijos: observar cómo su hijo crece, se desarrolla, aprende nuevas habilidades y se convierte en su propia persona. Cada etapa trae sus propias recompensas junto con las preguntas.

Además de ayudar a su bebé a adaptarse al mundo, usted también tiene que hacerse cargo constantemente como padre, siempre observando lo que funciona para su bebé como un ser en particular. El sueño es una de las áreas clave en las que tendrá que concentrarse y sentirse seguro al comenzar su nueva vida con su bebé. Y como padre, el actuar con consistencia y confianza es a menudo la clave del éxito.

Aquí está una guía para ayudarle a hacer precisamente eso.

Capítulo 1 - Los fundamentos del sueño del bebé

En esta sección hablaremos de los ciclos de sueño del bebé por edades, para que pueda entender mejor los hábitos de sueño de su bebé. Los bebés cambian tan rápidamente en esta etapa de la vida que sus cerebros y cuerpos crecen rápidamente. Tener una comprensión básica de lo que puede esperar del sueño de su bebé en cada etapa, y de lo que tendrá que esperar un poco más, puede ser útil y tranquilizador para los nuevos padres.

Como todo lo demás que tienen que dominar, los bebés necesitan **aprender** a dormir por la noche y permanecer despiertos durante el día - no es algo que puedan hacer desde el primer día. También es útil saber que la vigilia y el sueño inestable de un recién nacido diminuto es en parte un mecanismo de supervivencia para evitar que se queden profundamente dormidos cuando necesitan alimentarse regularmente y sus pulmones aún son tan nuevos. Un mejor sueño viene con el tiempo, y esto es algo que todos los padres necesitan aceptar hasta cierto punto. Lo que usted puede hacer, sin embargo, es entender qué esperar en cada etapa, y en capítulos posteriores veremos cómo llevar a su bebé en la dirección de los buenos hábitos de sueño.

En este capítulo también le daremos cinco datos fascinantes sobre el sueño de su bebé. Y finalmente, cubriremos las precauciones más importantes que usted puede tomar cuando ordene el área de descanso de su bebé para mantenerlo seguro durante las siestas y el sueño nocturno.

¿Listo? Vamos a empezar.

Ciclos de sueño del bebé por edad

Como una guía aproximada con la que trabajar, aquí está la cantidad de sueño que los bebés y niños pequeños necesitarán en un período de 24 horas, variando entre siestas y largos períodos de sueño por la noche.

Recién nacidos: 16 horas, aunque puede ser tan poco como ocho y tanto como 18

Bebés de tres meses: alrededor de 15 horas

Dos años y más: alrededor de 12 horas

Por supuesto, como con todo, estos tiempos pueden variar de un bebé a otro, y rápidamente obtendrá una idea de los patrones de sueño de su propio bebé. También aprenderá pronto a valorar el sueño de este y a hacer todo lo que pueda para protegerlo, ya que tiene como resultado un bebé mucho más feliz y contento en sus horas de vigilia. Y un bebé bien descansado no sólo será más agradable y fácil de estar cerca, sino que además un sueño profundo y regular es esencial para su crecimiento y desarrollo.

Una de las mayores choques que recibí cuando traje a mi primer bebé del hospital a casa fue cuando traté de acostarlo en esa primera y agotadora noche. *Todo eso fue bastante intenso*, pensé para mí, *pero al menos ahora todos podemos tener una buena noche de sueño y ver dónde estamos por la mañana.*

Por alguna razón, simplemente asumí que porque estábamos en casa, la vida volvería a la normalidad. Él entendería que era tarde e íbamos a dormir ahora, ¿verdad?

Por supuesto, no funcionó así. En el momento en que apagué la luz, mi bebé estuvo despierto y gritando durante dos horas mientras trataba de alimentarlo, calmarlo, consolarlo y hacerlo volver a dormir. Siguieron muchas noches inestables, y me llevó un tiempo dormir toda la noche que esperaba, pero finalmente, el sueño y la sensatez volvieron. Solucionar los problemas de alimentación ayudó mucho, pero gran parte de ellos se debió a que él era tan nuevo en el mundo y estaba tan perturbado por todo y todos los que lo rodeaban.

De lo que pronto me di cuenta al hablar con mis parteras y a través de mis propias investigaciones fue de que los recién nacidos no tienen sentido del día o de la noche. Hasta cierto punto, sus patrones de sueño son gobernados por su madre cuando están en el útero, y por el aumento y la caída de su propia actividad y niveles hormonales. Pero una vez que nacen, los movimientos de su madre ya no dictan sus tiempos de sueño y vigilia, y necesitan establecer sus propios hábitos de sueño en concordancia con el mundo exterior.

Usted puede notar que su bebé parece estar particularmente alerta en la noche, lo cual es totalmente normal para los recién nacidos. Esto generalmente comienza a mejorar alrededor de las seis semanas de vida, que es cuando la intensidad de la fase del recién nacido - los gritos, las horas de cólicos y el comportamiento inestable - a menudo comienzan a disminuir un poco en general. Puede ser útil pensar en los primeros tres meses como un "cuarto trimestre" cuando su bebé todavía se está adaptando a la vida fuera del útero, y mantener su entorno lo más tranquilo posible, especialmente si tiene un bebé nervioso e inestable (si lo hace, sabrá lo que esto significa).

Habiendo dicho todo esto, usted también se preguntará si hay alguna manera de acelerar este proceso de conseguir que los recién nacidos entren en un ciclo de sueño día-noche normal. Si! Hay mucho que puedes hacer. Jugar con tu bebé y llevarlo afuera durante el día, y crear un ambiente tranquilo, oscuro y hasta aburrido durante la noche, le ayudará a aprender que la noche es para dormir. Como adultos, nuestro sueño se rige por ritmos circadianos - nos sentimos alerta durante las horas del día, especialmente si salimos y nos exponemos a la luz natural poco después de despertar, y en la noche, cuando las luces comienzan a oscurecerse, nuestros cuerpos producen melatonina, que nos prepara para el sueño.

Su bebé pronto hará lo mismo, pero mientras tanto, lo mejor es simplemente permitir que el sueño se interrumpa, dejar que otras personas se ocupen de usted, no intente hacer demasiado o preocuparse por "entrar en una rutina". Por ahora, tanto como puedas, simplemente disfruta de la preciosa burbuja del recién nacido. Puedes y dormirás más tarde, te lo prometo.

¿En qué se diferencian los ciclos de sueño por edad?

Los ciclos de sueño de los adultos consisten en un sueño profundo "silencioso" y un REM o sueño activo, que es también la fase de sueño del descanso la cual es esencial para el funcionamiento saludable del cerebro, ya que es cuando esencialmente este pone todos sus archivos en orden. Durante el sueño REM, el cuerpo está temporalmente paralizado, pero la actividad cerebral es notable, con respiración irregular y movimientos oculares. Un ciclo de sueño de un adulto durará unos 90 minutos, y al final de este, o bien nos despertamos o bien comenzamos un nuevo ciclo. Los ciclos de sueño del bebé son ligeramente diferentes, y ayuda estar consciente de ello.

Recién nacidos (desde el nacimiento hasta los tres meses)

Un recién nacido alternará entre el sueño tranquilo y el activo, y cada ciclo es más corto que el ciclo de sueño de un adulto, con una duración aproximada de una hora, hasta aproximadamente los nueve meses de edad. A diferencia de los adultos, los bebés **comienzan** con sueño activo, que es similar al sueño REM en los adultos, y son más propensos a despertar en esta etapa, particularmente si se sacuden y se asustan. Alrededor de la mitad de su sueño se pasa en "sueño activo", en comparación con sólo el 20 por ciento de los adultos. Mientras los bebés duermen, sus movimientos durante este sueño pueden significar que el adulto asume que se están despertando. Pero a menudo, si se les deja solos en este punto, continuarán durmiendo. Esta necesidad de "mantenernos juntos" para caer en un sueño profundo es la razón por la que muchos bebés responden bien al pañal firme, hasta los dos meses de edad aproximadamente.

Alrededor de la mitad del ciclo del sueño, el bebé se acomoda en un sueño tranquilo, con respiración más lenta, quietud y sin aleteo del párpado. Este es el final del ciclo del sueño, después del cual el bebé se despertará o comenzará un nuevo ciclo de sueño activo. Pronto usted comenzará a reconocer el sueño tranquilo, que es menos inestable. Sin embargo, los bebés muy pequeños tienden a no tener períodos de sueño largo y profundo como los bebés mayores.

A los tres meses de edad, en lugar de comenzar con el sueño REM o el sueño activo, los bebés comenzarán un ciclo de sueño en el sueño profundo, como los adultos, lo que puede hacer que sea más fácil para ellos quedarse y permanecer dormidos.

Verás que una vez que tu bebé empiece a comer alimentos sólidos, alrededor de los seis meses, su sueño mejorará aún más, y una vez que empiecen a moverse independientemente se cansarán más y dormirán mejor.

Los recién nacidos tenderán a dormir de vez en cuando durante todo el día, y aunque usted no puede controlar esto completamente, puede trabajar con ello y guiarlos suavemente para que duerman por la noche y estén despiertos durante el día, con un par de siestas en el medio.

Los recién nacidos también suelen tener el sueño muy ligero y pasan aproximadamente la mitad de su tiempo en un sueño activo, no profundo. Debido a que son tan pequeños, sus vientres no pueden contener mucha comida por lo que se despertarán regularmente para alimentarse - a medida que crecen, se despertarán con menos frecuencia y eventualmente dormirán' hasta la mañana (temprano).

También notará que un "buen durmiente" no necesariamente se quedará así. Los recién nacidos pueden comenzar a dormir muy profunda y regularmente, pero alrededor de las tres semanas comenzarán a estar menos asentados, a dormir menos y a llorar más, a menudo sin razón aparente. En esta época usted puede ver un sueño más largo de hasta cinco o seis horas, un par de sueños de tres horas, varios sueños de dos horas y cinco o seis horas de sueño, llanto y siestecillas. No es de extrañar que los padres de los recién nacidos estén exhaustos de todo ese sueño interrumpido!

Bebés (de 3 a 11 meses)

A los tres meses, su bebé puede haberse establecido en una rutina regular, con un sueño por la mañana y uno por la tarde y a veces uno extra también. El sueño matutino tiende a ser bastante largo, con una o dos siestas por la tarde antes de acostarse.

Usted puede esperar que su bebé duerma alrededor de 14-15 horas al día, con algunos bebés durmiendo hasta ocho horas por la noche.

La fase de sueño activo se reduce y comienzan a dormir más profundamente. Usted puede esperar que se despierten por lo menos una vez en la noche, con algunos bebés que se despiertan cada tres horas para alimentarse.

Alrededor de los seis meses, la cantidad total de sueño que un bebé tiene por ciclo de 24 horas se reducirá a unas 13 horas al día en total. Las siestas también se reducirán - muchos bebés hacen la siesta de la mañana primero (un día triste, pero también significa que usted puede salir más fácilmente en las mañanas), pero continúan teniendo una o dos horas de sueño por la tarde. Sin embargo, muchos niños continuarán tomando una siesta después del almuerzo hasta bien entrada la infancia.

Alrededor de los seis meses de edad, los bebés también comenzarán a moverse hacia un ciclo de sueño más típico, con ciclos más largos y menos tiempo en el sueño activo. Gradualmente, con el tiempo, se irán acumulando hasta llegar a dormir para tener un sueño sólido de ocho a 12 horas ininterrumpidas.

Los bebés a esta edad también suelen dormir mejor por la noche, aunque algunos pueden despertarse y necesitan volver a dormirse, a menudo con una comida. La ansiedad por la separación, que aparece a esta edad, también puede hacer que algunos bebés se sientan más melosos y se despierten en la noche para sentirse seguros, particularmente si han estado separados de usted durante el día.

Establecer rutinas diurnas y nocturnas y crear una estructura flexible puede ayudar a su bebé a dormir por la noche. Abordaremos todo esto en detalle en los capítulos siguientes.

Niños pequeños (12 a 36 meses)

Alrededor de los 12 meses, su bebé comenzará a pasar a ser un niño pequeño. Con esta mayor madurez, y más movimiento y actividad en su vida diaria, estarán durmiendo mejor por la noche y sólo se despertarán una vez o quizás dos veces por la noche.

Para cuando tengan alrededor de dos años, necesitarán aproximadamente 12 horas de sueño en un período de 24 horas, aunque pueden tener sueños más largos durante los períodos de crecimiento y los lapsos de desarrollo - si esto sucede, trabaje alrededor de ello, ya que realmente necesitan dormir lo más que puedan a esta edad, cuando sus cerebros están creciendo tan rápidamente. Cubriremos la regresión del sueño que a veces viene con brotes de crecimiento en capítulos posteriores. A veces, notaría que mi hijo pequeño tiene un sueño especialmente largo y profundo, y que se despierta con una nueva habilidad que no había visto antes - era como si el sueño extra hubiera sido en realidad una sesión de entrenamiento intenso para un salto en el desarrollo.

5 datos fascinantes sobre el sueño de su bebé

1. Cuanto más duermen, más duermen

Un bebé demasiado cansado e inquieto puede tener dificultades para conciliar el sueño, y luego le cuesta disfrutar de estar despierto, lo que crea un ciclo de mal sueño. Pero un buen sueño crea más de lo mismo. Por lo tanto, mantener a un bebé despierto cuando está cansado, para tratar de hacer que duerma mejor por la noche, en realidad tendrá el efecto contrario. Parece contraintuitivo, pero a un bebé tenso y cansado le será más difícil dormir que a uno que se acuesta antes. Dar prioridad al sueño diurno de su bebé y entrar en una rutina regular es la mejor manera de trabajar para conseguir mejores noches, y esto es en lo que nos centraremos a lo largo de este libro.

2. La luz de la mañana favorece el buen sueño

Tomar luz natural durante el día y crear un ambiente con poca luz durante la noche estimulará la producción de melatonina, una hormona que promueve el sueño. Esto funciona tanto para los adultos como para los bebés: salir al exterior y recibir un poco de luz natural en la cara poco después de despertarse puede ser útil si sufre de insomnio, ya que "programa" el reloj de su cuerpo. Asegúrese de salir con su bebé todos los días a pasear por el parque, a las tiendas o simplemente a su jardín trasero, para que empiece a programar los relojes de su cuerpo lo más rápido posible. Como veremos en capítulos posteriores, la variedad y la estimulación que obtienen los bebés al estar al aire libre es también una ayuda esencial y fácil para fomentar un mejor sueño por la noche.

3. **Los bebés tardan más tiempo en alcanzar un sueño profundo - alrededor de 20 minutos.**

Debido a que los bebés comienzan en un sueño activo, no profundo, pueden moverse y hacer muecas mucho mientras duermen. Por lo tanto, incluso si su bebé parece intranquilo, dejarlos en paz con frecuencia hará que finalmente alcancen un sueño profundo. Si puede, trate de resistirse a apresurarse a calmarlos o a recogerlos cuando se caen por primera vez - pueden parecer molestos, pero en realidad están ocupados durmiendo, o muy cerca de ello. Si esto le resulta difícil, oblíguese a darse una ducha de cinco minutos. No podrás oír ningún llanto, tendrás cinco minutos para ti misma, y es posible que salgas y descubras que tu bebé se ha quedado dormido en tu ausencia.

4. **El despertar nocturno es esencial para su supervivencia.**

Aunque puede ser frustrante ser despertado durante la noche, su bebé necesita despertarse para llenar su pequeño vientre. Una vez que sean un poco más grandes, sus ciclos de sueño se alargarán y usted no tendrá noches interrumpidas. También pueden despertarse repentinamente debido a un reflejo de sobresalto y puede ser difícil lograr que se vuelvan a dormir. Como se mencionó anteriormente, algunos padres descubren que envolver a su bebé en una manta o sábana suave puede mantenerlo quieto y ayudarlo a acomodarse y permanecer dormido por más tiempo. Envolverlos en pañales es fácil y a menudo ayuda con el sueño quebrado - busque en línea vídeos sobre cómo envolver a un bebé.

5. **Los bebés aprenden mientras duermen.**

Durante el sueño REM, la investigación muestra que el flujo sanguíneo al cerebro del bebé aumenta, ya que sus cerebros trabajan duro para integrar toda la nueva información que se les ha dado ese día. El sueño es esencial para el desarrollo del cerebro, así que cuanto más aprenda sobre las técnicas de sueño y ayude a su bebé a lograrlas, mejor. Durante el sueño REM usted puede notar que su bebé se mueve, respira irregularmente y mueve los ojos. Permanecen en el sueño REM durante aproximadamente la mitad de cada ciclo, lo que puede deberse a que a esta edad tienen mucho que aprender. Por esta razón, también debe evitar despertar a un bebé dormido tanto como sea posible (¡como si lo hiciera usted!).

Precauciones importantes para mantener seguro a su bebé mientras duerme

Para mantener a su bebé seguro mientras duerme, he aquí algunas pautas esenciales a seguir. En los capítulos siguientes trataremos algunos de los puntos con más detalle.

- Ponga siempre a los bebés a dormir boca arriba, tanto por la noche como cuando duermen la siesta durante el día. Una vez que son un poco mayores, pueden encontrar su propia posición a medida que se mueven durante la noche, pero siempre póngalos a dormir boca arriba.

- sólo debe hacerlos dormir en una superficie firme, como un colchón en una cuna o moisés aprobados por la seguridad. Evite las cobijas o cojines suaves y esponjosos.

- Se recomienda que comparta una habitación con su bebé durante los primeros seis meses. Una cuna unida a su cama, con un lado abierto que se puede dejar caer para comer, es una solución que asegurará que todos duerman lo suficiente. Los bebés a menudo duermen mejor si saben que sus padres están en la habitación, aunque una vez que usted practique el entrenarse para dormir, tendrá que trasladar a su bebé (o a usted misma) a otra habitación, al menos temporalmente - más información al respecto más adelante.

- Use una sábana ajustable y mantenga todos los objetos blandos, juguetes, acolchados y almohadas alejados del área de dormir. Un saco de dormir con cremallera que tenga cuello y sisas ajustadas es una opción segura para dormir, ya que no puede cubrir la cara del bebé. Estos sacos de dormir vienen en diferentes espesores para que usted pueda elegir el adecuado para su clima y época del año. También sirven como un indicio útil para dormir, diciéndole a su bebé que es hora de ir a la cama - de nuevo, más sobre las señales de sueño, más adelante.

- Nunca fume cerca de su bebé, ni permita que otras personas fumen en áreas donde su bebé pasa tiempo. Si alguien ha estado fumando, no debe sostener a un bebé pequeño. Fumar está asociado con un mayor riesgo de SMSL, así que mantenga su ambiente completamente libre de humo, y evítelo también cuando usted esté fuera, especialmente si su bebé estuvo enfermo o nació prematuramente.

- Nunca se duerma con su bebé en un sofá u otra área que no sea el área segura para dormir. Si quiere dormir cerca de su bebé, coloque una cuna abierta al lado de su cama para que el bebé esté cerca pero fuera del camino con seguridad. Planificar el co-dormir de esta manera es mucho más seguro que el co-dormir accidentalmente, particularmente cuando todo el mundo está exhausto y puede quedarse dormido muy profundamente.

- Nunca duerma cerca de su bebé si usted ha estado bebiendo alcohol o está bajo la influencia de drogas, o particularmente exhausta. Y nunca permita que otras personas que estén bajo la influencia de drogas o alcohol se queden dormidas cerca de su bebé. Las mascotas tampoco deben compartir un área para dormir con los bebés.

- Vigile la temperatura de la habitación y asegúrese de que permanezca cómoda, ni demasiado caliente ni demasiado fría. Mantenga la cabeza de su bebé al descubierto y vístalo con la misma cantidad de ropa que usted usaría para dormir. Los bebés sobrecalentados tienen un mayor riesgo de SMSL.

- Asegúrese de que todas las personas que cuidan al bebé, o que viven en la casa, también estén al tanto de las prácticas seguras para dormir. Y finalmente, nunca se debe dejar a los bebés solos para que duerman en los automóviles, o en asientos de automóvil, o sin supervisión en los cochecitos.

¿Qué pasa con el co-dormir?

Algunos padres eligen dormir con sus bebés y descubren que funciona muy bien. Otros no eligen dormir juntos, sino que se dan cuenta de que los elige a ellos, ya que su bebé no se instalará en ningún otro lugar, sino cerca de ellos por la noche.

Si usted decide dormir con su pareja, asegúrese de hacerlo de manera segura. Compartir una cama no es seguro si el bebé comparte la cama con un fumador, o si hay mantas para adultos que pueden cubrir al bebé, o si el padre está borracho, drogado, obeso o muy cansado.

Si usted decide dormir en compañía, asegúrese de que su colchón sea muy firme y que el bebé no pueda caerse de la cama (un colchón en el piso es la opción más segura). Ponga al bebé en un lado de la cama, no entre dos adultos, vestido en un saco de dormir, no cubierto con mantas para adultos, y asegúrese de que todos sepan que el bebé está en la cama.

También debe tener en cuenta que el riesgo de muerte súbita del lactante mientras duerme en pareja es más común en las primeras once semanas. Personalmente, a esta edad, yo tenía a mis bebés en un catre junto a mi cama, con un lado removido, así que no había posibilidad de que yo rodara sobre ellos, pero estaban cerca. Una vez que eran mayores, a veces terminaban junto a mí en la cama, pero en su mayor parte estaban en su propio espacio seguro. Como con todo, siempre vale la pena hablar con su médico y enfermera de salud infantil antes de tomar una decisión que funcione para usted y su familia. Como se mencionó anteriormente, el dormir accidentalmente o en pareja sin planearlo, cuando usted se queda dormida con su bebé sin querer, es más peligroso que el dormir en pareja habiéndolo planeado.

Así que ahora usted conoce los fundamentos del sueño del bebé desde el nacimiento hasta la infancia, y sabe lo que puede esperar en términos de calidad y duración del sueño a cada edad. Usted también sabe cómo establecer un área segura para dormir para su bebé. Pasemos a las formas en que usted puede fomentar un sueño profundo y refrescante para su bebé, de modo que prospere y sea más feliz durante el día. Pero primero, veamos cómo manejarnos como un nuevo padre con un sueño interrumpido.

¿Qué hay de ti? Cómo manejar el sueño interrumpido

Ahora que hemos establecido que no vas a dormir ocho horas completas por noche durante algún tiempo, echemos un vistazo rápido a cómo te puedes ayudar a ti mismo en estos primeros días. Este tiempo pasará, y usted dormirá de nuevo, pero es importante que no sea tan duro consigo mismo y que no sienta que tiene que ser su yo mismo normal y bien descansado. Personalmente, encontré que el sueño interrumpido y el cansancio eran la parte más difícil de ser un nuevo padre. No podía mantener conversaciones adecuadas, me sentía plano y agotado la mayor parte del tiempo, y no podía pensar con claridad ni planificar para el futuro. En retrospectiva, desearía haber sido un poco más amigable conmigo mismo - dormir más la siesta, acostarme más temprano y no preocuparme tanto por el futuro, y "tener todo bajo control". Si usted se da cuenta de que está realmente luchando, siempre busque la ayuda de su médico, en particular si se da cuenta de que no puede dormir por sí solo, incluso de noche.

Algunos expertos en bebés se refieren a los primeros tres meses después del nacimiento del bebé como un Cuarto Trimestre. Con esto, quieren decir que es un momento en el que todavía estás en la burbuja del embarazo y el parto, y que deberías estar descansando y anidando de la misma manera que lo hiciste hacia el final de tu embarazo.

También es un momento en el que su bebé se está adaptando a la vida fuera del útero, y usted está conociendo a su nuevo bebé y aprendiendo a ser su padre y a leer sus señales. Veamos ahora algunas maneras de hacer que lo que puede ser un momento difícil e intenso sea más fácil para usted. Esto, a su vez, le facilitará las cosas a su bebé.

Consejos para ayudarle a superar los primeros días de sueño interrumpido.

- Marque su calendario por tres meses después del nacimiento, y permítase, en ese momento, tomarse las cosas con calma, descansar y concentrarse simplemente en alimentar a su bebé y a usted misma, y dormir lo más que pueda. Por supuesto que no podrás hacer esto todo el tiempo. Y usted puede sentirse emocionada de que su embarazo haya terminado y esté lista para salir mucho antes, especialmente si su bebé resulta ser un buen durmiente. Pero al menos permítete tomarte las cosas con más calma en esa primera e intensa etapa del recién nacido, especialmente si no tienes mucho apoyo familiar a tu alrededor, como muchos de nosotros no lo tenemos.

- Prepárese con anticipación con algunas comidas congeladas, y tal vez consiga una orden de compra en línea regular. Contrata a un limpiador, si tu presupuesto lo permite, o ayuda adicional en la casa, como una enfermera postnatal o una enfermera nocturna. Permita que otros le ayuden si se lo ofrecen, con ofertas de comida o simplemente sosteniendo al bebé para que usted pueda descansar o ducharse.

- Limite sus obligaciones y no se sienta mal por decir que no a las visitas, especialmente a aquellas que piden que se les espere mientras sostienen al bebé. Es natural que todas las personas que la rodean estén entusiasmadas con la llegada de un nuevo bebé y deseen pasar el mayor tiempo posible abrazando y sosteniendo al nuevo integrante. Pero mantenga las visitas cortas si no se siente capaz de hacerlo, y si a su bebé no le gusta que lo entreguen durante horas (a muchos les resulta estresante y puede llevar a una noche inestable), entonces simplemente lleve a su bebé y retírelo a su dormitorio. Hay mucho tiempo para que todos conozcan a su bebé en los meses y años venideros, y usted tiene que priorizar su propio bienestar, y el de su recién nacido, en este momento especial.

- Dormir cuando el bebé duerme. Difícil de hacer, cuando se siente como si fuera el único momento en el que se tiene "apagado", pero trate de no permanecer despierto si pudiera usted estar durmiendo, siempre que sea posible. Por las tardes, tomar un baño caliente y un poco de piel a piel con su bebé y luego una o dos horas de sueño. Esto hará una gran diferencia en cómo te sientes a la mañana siguiente. ¡Sobre todo si termina siendo una noche inestable!

- Acordar un horario con su pareja sobre quién se despierta durante la noche. Si te duermes temprano, tal vez tu pareja pueda hacer la comida de la noche para el primer despertar, así que dormirás bien cuatro o cinco horas antes de la próxima -exprime un biberón de leche si estás amamantando, o haz que se despierte y te traiga al bebé, luego siéntalo fuera de la habitación para que puedas volver a dormirte. Compartir el sueño interrumpido significa que la carga no recae sólo en una persona.

- Dar prioridad a comer bien. Cuando usted está agotado puede ser fácil caer en el hábito de existir sobre tostadas y café. Pero necesitará alimentos nutritivos para recuperarse del parto y para mantener altos sus niveles de energía. Tenga a mano algunas frutas y verduras cortadas, disfrute de la sopa, el yogur, la ensalada y otras comidas fáciles. Beba mucha agua y trate de incorporar también proteínas y carbohidratos saludables a su dieta. Siga tomando sus vitaminas prenatales mientras descansa y se recupera del parto, y no beba demasiado café, ya que puede interferir con su sueño.

- Por último, recuerde que el tiempo que pasa con su bebé es lo más importante en este momento, a medida que se instala en el mundo y su vínculo crece. Date mucho tiempo para tranquilizarlo . Pida a los visitantes que preparen sus propias bebidas en lugar de tener que esperarlos de pies y manos. Y levanta los pies todo lo que puedas. Acabas de pasar por un gran cambio físico y emocional en tu vida, ¡y necesitas tratarte como tal!

Capítulo 2 - Cómo organizarse

Ahora sabemos lo que los bebés y los niños pequeños deben hacer cuando se trata de dormir. Sabemos que los recién nacidos están naturalmente inestables, y que hay cosas que podemos hacer para ayudarlos mientras aprenden a dormir adecuadamente, como por ejemplo, recibir luz natural durante el día. Y sabemos cómo establecer un área segura para dormir para el bebé.

Lo que también necesitamos entender es que no hay ningún truco de magia para crear un durmiente perfecto: a veces se tiene suerte, otras veces se tiene un bebé irritable que lucha por dormirse y permanecer dormido. Lo que usted puede hacer es educarse sobre cómo fomentar el buen sueño.

En este capítulo nos basaremos en este conocimiento y nos adentraremos en cómo podemos establecer el ambiente adecuado para un buen sueño. Aprenderemos sobre las asociaciones del sueño y cómo pueden ayudar a su bebé a prepararse para la deriva. También estudiaremos la posibilidad de crear un registro del sueño, que puede ayudarle a comprender mejor cómo está cambiando el sueño de su bebé con el tiempo. Esto puede ser útil tanto para su propia tranquilidad como para mostrarle a su médico de cabecera o a la enfermera de salud infantil, en caso de que decida buscar ayuda adicional con los hábitos de sueño de su bebé.

Todo lo que necesita para el área de descanso de su bebé

- Sábanas: Alrededor de seis sábanas de cuna o moisés es perfecto, y también puede usar sábanas dobladas de una sola cama si lo necesita. También puede poner una funda de almohada sobre un colchón pequeño cuando su bebé es muy pequeño.

- Un protector de colchón para poner sobre el colchón lo protegerá de biberones y pañales que gotean. O use una manta o una toalla debajo de la sábana.
- Un mosquitero puede ser útil en los meses más cálidos, si usted vive en un área propensa a los mosquitos. No hay nada peor que despertarse con un bebé desafortunado cubierto de picaduras de mosquitos.
- Una cuna o moisés. Una cuna pequeña es ideal para los primeros meses, pero también puede poner a su bebé en una cuna desde el principio. Lo ideal es que usted quiera algo que sea fácil de mover y que le permita acceder fácilmente a su bebé, por ejemplo, durante las tomas nocturnas y si necesita darle palmaditas para que se duerma.

Algunas cunas vienen con dos niveles, así que usted puede subirlas cuando el bebé sea pequeño y luego bajarlas una vez que su bebé tenga la edad suficiente para salir de la cuna.

Al elegir una cuna, busque bordes lisos y redondeados y no decoraciones adicionales como cuentas, que pueden ser peligrosas. La cuna debe tener los lados altos para que su bebé no pueda caerse cuando sea un poco mayor (es decir, dos pies de altura desde la base del colchón hasta la parte superior de los lados de la cuna). Si tiene laterales abatibles, deben ser a prueba de niños y funcionar sin problemas, y el colchón debe encajar bien en la cuna. Su cuna también debe tener no más de dos o tres pulgadas entre las barras, para que su bebé no pueda pasar por la cabeza.

Si va a comprar una cuna de segunda mano o de época, tenga en cuenta que la pintura vieja puede contener plomo. Necesitará quitar o repintar la cuna, si este es el caso. También asegúrese de que cualquier decoración en una cuna vieja no se puede quitar, y que la cuna sea fuerte y robusta.

- Los bebés tienden a asentarse y a dormir mejor en un colchón denso y firme, así que busque esto cuando vaya de compras. Un colchón de buena calidad, limpio, firme y de segunda mano está bien - simplemente déjelo al sol durante uno o dos días para airearlo.

- Los expertos en seguridad del bebé ya no recomiendan los parachoques de la cuna (una pieza suave de tela acolchada que rodea el interior de la cuna), ya que pueden restringir el flujo de aire a esta y también suponen un riesgo de asfixia o estrangulamiento, en caso de que se aflojen. No debe haber absolutamente ningún tipo de tela, almohadas o juguetes blandos adicionales alrededor de un bebé que duerme. Los niños no necesitan almohadas hasta que se mudan a una cama para niños pequeños.

¿Necesita productos de seguridad adicionales?

No hay sustituto para planificar el entorno de sueño de su bebé y seguir las últimas pautas de seguridad, permanecer vigilante y usar su sentido común e instintos cuando se trata de mantener a su bebé seguro mientras duerme.

Dicho esto, una luz nocturna puede ser muy útil para hacer frente a las alimentaciones nocturnas, por lo que puede moverse sin despertar demasiado al bebé. También puede ser un consuelo para su bebé una vez que crezca y se despierte en medio de la noche.

Se puede usar un monitor de sonido si el área de siesta de su bebé está muy lejos de su sala de estar para las siestas diurnas. Si tu bebé duerme en tu habitación durante los primeros seis meses, no lo necesitarás durante la noche, ¡lo oirás! Sin embargo, los monitores del sueño no controlan la respiración, por lo que no pueden considerarse un dispositivo de seguridad, y una desventaja es que pueden ser perturbadores, ya que usted escuchará cada ruido que su bebé haga mientras duerme.

Los monitores respiratorios se pueden administrar a bebés pequeños o enfermos, pero generalmente no se usan para todos los bebés. Tienen una alarma que se activa si el bebé deja de respirar, pero también puede dar frecuentes falsas alarmas. Sin embargo, siempre recomiendo que todos los padres sepan cómo realizar la reanimación cardiopulmonar, para que sepan qué hacer en caso de emergencia.

¿Dónde debe dormir su bebé?

Idealmente, durante los primeros seis meses, su bebé debería dormir en su habitación por razones de seguridad. Si, después de este punto, usted decide que desea tener al bebé en una habitación separada, el riesgo de SMSL (Síndrome de Muerte Súbita del Lactante) disminuye, pero aun así es más seguro tener al bebé en su habitación durante los primeros seis meses, y todo el tiempo que usted quiera en el futuro. Consulte el primer capítulo para obtener información sobre cómo dormir en compañía de su bebé de forma segura, o considere la posibilidad de tener una cuna al lado de su cama para que pueda oír y alcanzar a su bebé con facilidad.

Asociaciones del sueño: Qué son y cómo pueden ayudar

Las asociaciones del sueño son esencialmente señales que hacen que su bebé se sienta somnoliento. Como adultos, también los desarrollamos: leer en la cama antes de dormir, un baño caliente, una hora en particular cada noche a la que nos dirigimos a la cama y nuestros rituales previos adormir , como cepillarnos los dientes y ponernos el pijama.

Establecer asociaciones de sueño para bebés es más o menos lo mismo, y a medida que su bebé crece y usted se instala para vivir con él o ella, encontrará una rutina en torno al sueño que le ayudará a organizar mejor sus días y a disfrutar de un bebé bien descansado y feliz.

Siga leyendo para ver algunas maneras en las que puede crear asociaciones de sueño y comenzar a establecer una rutina con su bebé.

Cree una rutina diaria flexible

Por extraño que parezca, su rutina diurna es en sí misma una poderosa asociación de sueño. Las investigaciones demuestran que si su bebé forma parte de su rutina diaria, desarrollará ritmos circadianos maduros más rápidamente y, por lo tanto, dormirá mejor por la noche. En otras palabras, lleve a su bebé con usted en sus actividades diarias para que usted esté activa y tranquila al mismo tiempo. Los estudios en bebés han demostrado que la exposición regular a la luz del día ayudará a su bebé a adaptarse al ciclo del día y la noche. También se ha demostrado que los bebés expuestos a la luz por la tarde dormirán mejor.

Una rutina diaria puede parecerse a esto:

- Despierte. Dele de comer a su bebé, luego vístase y diríjase al exterior, si el tiempo lo permite, al patio de recreo o a las tiendas para que usted pueda tomar un poco de luz del día y aire fresco. Algunos "juegos" en forma de contacto visual, cantos y charlas con su bebé también los estimularán y los prepararán para un buen sueño más tarde. Actividades como clases de natación para bebés o una sesión para niños en una biblioteca local son otras maneras de llenar su mañana.

El momento boca abajo es ideal para darle a su bebé algo de ejercicio y fortalecer su cuello y hombros, y se puede hacer en una alfombra suave desde el nacimiento. A algunos bebés les encanta, otros lo odian, pero si usted aumenta gradualmente a unos 15 minutos al día, es un buen primer ejercicio para su bebé y le ayudará a cansarse. El tiempo boca abajo siempre se debe hacer bajo supervisión - sostenga un juguete frente a la cara de su bebé para mantenerlo contento mientras hace ejercicio.

- En casa para una siesta matutina
Con un bebé muy pequeño, esto será sólo una o dos horas después de despertar. Para los bebés mayores y los niños pequeños, podría ser después del almuerzo. Usted sabrá que su bebé está cansado, ya que comenzará a quejarse y tal vez a llorar, a evitar el contacto visual y a frotarse los ojos o a apretar los puños. Cada bebé tiene sus propios signos de "cansancio", y pronto empezarás a reconocer los tuyos.

- Despierta
Ahora es hora de almorzar, jugar e intentar salir a dar un paseo y tomar un poco más de luz del día. Los libros de cartón, el canto, el movimiento y la charla son otras buenas maneras de darle a su bebé la estimulación que necesita para aprender y crecer.

- La siesta de la tarde

Con los bebés muy pequeños, no tiene mucho sentido tratar de predecir las horas de la siesta ya que no se establecen de inmediato, y cambiarán de un día para otro al principio. Pero los bebés mayores empezarán a dormirse de forma fiable por la tarde para una siesta más larga. Lo ideal es que se despierten de nuevo a las tres o cuatro a más tardar, si desea que vuelvan a estar en la cama a las 7.30 p.m., pero esto depende de cada bebé.

Algunos bebés pueden levantarse a las cinco y volver a dormirse a las seis; otros estarán despiertos hasta las diez de la noche si duermen después de las cuatro de la tarde. Necesitará hacer un seguimiento del sueño de su propio bebé para determinar cuándo y cuánto sueño necesita - cubriremos los registros de sueño en un capítulo posterior.

- Rutina nocturna y hora de acostarse

  Crear una rutina predecible a la hora de acostarse es clave para establecer buenos hábitos de sueño y hacer que el entrenamiento del sueño se realice sin problemas más adelante. Comience con una cena, o una comida, seguida de un baño caliente, tal vez un masaje, y luego un momento de tranquilidad antes de acostarse con muchos abrazos, cantos, una comida de recarga y tal vez un libro de cartón o dos, y luego se apaga a la misma hora cada noche. Los días ocupados con mucha atención, charla y abrazos para su bebé los dejaran tan satisfechos como para que también estén más listos para dormir por la noche.

Tenga en cuenta que usted no tiene que vivir con esta rutina - dependiendo de su propia naturaleza, es posible que prefiera más flexibilidad. Pero con los bebés, una rutina flexible, pero predecible, puede proporcionar estructura y seguridad para su pequeño, y ayudarle a sentirse más en control también.

Crear una fuerte sensación de que la noche es la hora de dormir

Ayudar a su bebé a entender que la noche es para dormir es crucial para establecer una buena rutina de sueño. Por la noche, después de la cena, un baño caliente puede ayudar a que su bebé esté listo para dormir. Hacer las mismas cosas antes de acostarse cada noche - un cuento, un momento de tranquilidad en su cuarto - también los preparará para dormir.

A lo largo de la noche, también, asegúrese de que las horas de vigilia sean lo más tranquilas y aburridas posibles para transmitirle a su bebé que *no hay nada que hacer aquí, es hora de dormir*. Reduzca al mínimo el contacto visual y no tenga ningún juego ni luces o pantallas brillantes encendidas durante las tomas o las vigilias nocturnas (esta es otra razón por la que una luz nocturna puede ser útil).

Trate de no mover demasiado a su bebé si lo está alimentando, ya que esto le ayudará a permanecer somnoliento. Una cama de cuna abierta al lado de la suya le ayudará a lidiar con las vigilias nocturnas con la menor interrupción posible. Si necesita una luz para ver lo que está haciendo, elija un voltaje muy bajo para que la habitación permanezca lo más oscura posible. Las persianas apagadas en las ventanas también pueden ayudar a evitar que su bebé se despierte demasiado durante la noche.

Introducir el tiempo de desaceleración por la noche, y tratar de atenerse a él

Incluso si usted no sigue una rutina estricta, es una buena idea darle tiempo suficiente a su bebé para que se relaje por la noche. Piense en su propia rutina nocturna y en cómo es más fácil dormir si se ha llevado a cabo rituales familiares de antemano, como ponerse la ropa de noche, cepillarse los dientes y tal vez leer un libro. Su bebé también responderá a las señales de sueño, es sólo cuestión de encontrar las que funcionen para usted. Estos podrían incluir los siguientes:

- Un baño caliente, quizás con un poco de aceite de lavanda.

- Un masaje en una habitación cálida y tenuemente iluminada, con aceites calmantes. Se ha demostrado que un masaje a la hora de acostarse mejora el sueño del bebé.

- Uno o dos cuentos para la hora de acostarse - con libros sencillos de tablero bastará. No es tanto la "lectura" como los abrazos en la cama, la voz tranquilizadora de la lectura y la familiaridad con el ritual lo que calmará a su bebé.

- Contacto piel a piel para bebés muy pequeños, a quienes les puede gustar estar acostados contra usted en la cama para conciliar el sueño.

- Una canción para dormir como *Twinkle Twinkle Little Star*.

- Un golpe suave y relajante en la espalda o la mano, aunque no a todos los bebés les gustará esto y puede despertar a algunos - ¡tendrá que probarlo usted mismo!

- Alimentar a su bebé justo antes de dormir, luego acostarlo y esperar a que se caiga, también es una manera de ayudarlo a dormirse fácilmente.

- Alimentar a su bebé para que duerma también es una opción elegida por muchas madres, incluida yo. Eventualmente usted necesita romper la asociación con la alimentación y el sueño, pero cuando llegue el momento adecuado, esto sucederá. Hablaremos de eso más tarde.

- Si no desea adquirir el hábito de alimentar a su bebé para que duerma, puede alimentarlo hasta que esté somnoliento, tal vez ya vestido con su saco de dormir, luego colóquelo en su cuna para que se quede dormido por sí solo, sabiendo que usted está cerca pero no "necesita" que usted se duerma. Esto le enseñará que puede ponerse a dormir y puede hacer las cosas más fáciles a largo plazo. Como con todo, sin embargo, usted tendrá que averiguar qué prefiere su bebé en particular y seguir con eso, hasta cierto punto. Los bebés más colgados o melosos pueden resistirse a ser acostados en su cuna para dormir y sólo se dormirán en sus brazos - no hay nada malo en ello, especialmente en los primeros días, así que no dejes que nadie te diga que estás causándote problemas a ti misma - todo puede cambiar cuando llegue el momento adecuado.

Asegúrese de que la temperatura sea la correcta

Una habitación sobrecalentada no es buena para la calidad del sueño ni para la seguridad. La temperatura corporal cambia a lo largo del día, y una vez que nos dormimos, baja naturalmente. Asegurarse de que la temperatura corporal de su bebé descienda a la hora de acostarse fomentará un sueño más profundo y también puede ayudar a que se duerma más rápido. Si la temperatura es demasiado alta o demasiado baja, el cuerpo del bebé tratará de regularla y el sueño tardará más tiempo en descender.

La temperatura ideal está entre 68 y 72 grados Fahrenheit (o 19 a 21 grados Celsius.) Si es difícil para usted lograr esto en su casa, vestir adecuadamente al bebé es la siguiente mejor opción. Como ya he mencionado, los sacos de dormir que usa su bebé son la opción más segura y confiable para dormir bien - usted puede comprarlos en diferentes grosores para adaptarse a su clima y época del año en particular.

Generalmente, vaya por una toga gruesa en invierno, una delgada en verano y vista a su bebé con un traje de dormir debajo que cubra sus pies. Pronto descubrirá lo que es mejor para su bebé y, si está demasiado vestido, se verá rojo e irritable, y se sentirá caliente al tacto. Si el pecho o el vientre de su bebé están sudorosos, quítele una capa de ropa o baje la calefacción.

La temperatura adecuada también es esencial para la seguridad. El riesgo del Síndrome de Muerte Súbita del Lactante, o SMSL, aumenta en invierno cuando los bebés pueden estar abrigados bajo demasiadas mantas y sobrecalentarse.

Crear oscuridad

Como con todas las personas, los bebés ciclan entre períodos de vigilia y descanso, pero a diferencia de los adultos, no tienen manera de controlar esto por sí mismos. Cuando se sobre estimulan y se cansan, necesitan hacer una transición a un ambiente de baja estimulación para poder quedarse dormidos. Una de las mejores maneras de hacerlo es crear una habitación muy oscura. Esto es fácil por la noche, y durante el día se puede lograr con una persiana que se puede colocar sobre la ventana con ventosas de plástico. Tan pronto como su bebé vea el cuarto oscuro, comenzará a anticiparse al sueño, sus músculos se relajarán y comenzará a sentirse somnoliento. Y, de hecho, en cualquier momento del día cuando su bebé se altera o se sobre estimula, llevarlos a una habitación tranquila y oscura ayudará a calmarlos.

Minimizar el ruido y utilizar ruido blanco, si es necesario

Al igual que con la luz brillante, demasiado ruido puede ser abrumador para los bebés, que se sobre estimularán y les resultará aún más difícil dejarlos caer en el sueño. Obviamente no se puede crear un entorno perfectamente silencioso, pero se puede utilizar el ruido blanco dentro del área de descanso del bebé para bloquear otros sonidos.

El ruido blanco puede reducir el estrés, estimular un sueño más profundo y reducir cualquier sobreestimulación. Puede comprar máquinas generadoras de ruido blanco o utilizar una aplicación en su smartphone. Es importante, sin embargo, que el ruido blanco no sea demasiado fuerte (no más de 50 a 60 decibeles), o esté demasiado cerca de la cuna. Y aunque puede ser útil para algunos bebés, puede que no funcione para todos ellos. Pero vale la pena intentarlo! Si desea eliminarlo con el tiempo, puede reducirlo un poco cada día hasta que esté apagado.

Un ventilador de mesa o de techo es otra ayuda para dormir que puede ser útil, tanto para el sonido monótono como para el movimiento del aire, que puede promover un sueño reparador.

¿Qué es un registro de sueño?

A algunos padres les gusta seguir el sueño de su bebé en un registro de sueño. Esto puede ser tan simple como un cuaderno, o puedes usar una hoja de cálculo de Excel o incluso una aplicación para registrar el sueño de tu bebé. Registrar la duración y el horario de las noches de sueño y siestas de su bebé puede ayudarle a identificar un patrón de sueño y a llevar un registro de cuántas horas de descanso están tomando. Esto puede ser útil para mostrarle a la enfermera de salud infantil o simplemente para comprender mejor la necesidad de sueño de su hijo.

También podrá notar los cambios durante un período de tiempo más largo, y tal vez se sentirá más cómoda por el hecho de que el sueño de su bebé está mejorando gradualmente. Y un registro del sueño también puede ayudarle a calcular cuánto sueño necesita su bebé para estar feliz y alerta durante el día, si mira hacia atrás un día o dos y nota cuánto sueño ha tenido (o no), y lo compara con su comportamiento.

A veces, prestar atención a su sueño puede resolver ciertos problemas. Por ejemplo, mi hijo se acostaba fácilmente por la noche siempre y cuando estuviera despierto de su siesta de la tarde a más tardar a las 3 de la tarde. Más tarde que eso, y estaría despierto hasta las 10 de la noche. Así que siempre intentaba que se durmiera la siesta a la 1.30 de la tarde, y alrededor de las 3 de la tarde empezaba a hacer un poco de ruido y a permitirle que se despertara. Una vez que descubra cómo funciona mejor el sueño de su hijo, puede planificar en función de sus hallazgos de "mejores prácticas".

Si bien un registro de sueño no funcionará para todos, es útil llevar un registro de los patrones de sueño de su bebé, y también le ayudará a usted a sentirse más en control. Incluso hay aplicaciones en línea compartidas que puede usar para registrar siestas y otra información, que puede compartir con otros cuidadores que se ocupan de su hijo.

Capítulo 3 - Problemas de sueño del bebé

8 problemas Comunes del Sueño del Bebé por Edad y Cómo Controlarlos

Recién nacidos y bebés pequeños

A esta edad, usted tiene que aceptar un grado de sueño interrumpido. Pasará, pero mi mejor consejo es que te des un respiro. Como he dicho antes, acepte toda la ayuda que le ofrezcan, no se ponga nervioso por una casa desordenada o una cena para llevar, y sepa que pronto terminará y que todos dormirán mejor. Sólo descansa, disfruta de tu recién nacido y recupérate del parto y del embarazo. Honestamente, no es por mucho tiempo. Dicho esto, hay algunos problemas de sueño que usted puede tener que resolver por razones de seguridad o simplemente porque le harán la vida más fácil y no son difíciles de arreglar.

- **No poder dormir boca arriba**

A esta edad, se recomienda que los bebés siempre se acuesten boca arriba, ya que cualquier otra posición aumenta el riesgo de SMSL. Una solución es envolver a los bebés firmemente en una manta para ayudarlos a sentirse más seguros y evitar que se agiten. Otra es mecerlos suavemente para que duerman, y luego moverlos a su moisés o cuna una vez que estén profundamente dormidos. Si usted es consistente, eventualmente se acostumbrará a dormir boca arriba.

- **No saber la diferencia entre el día y la noche**

Como hemos discutido, los bebés no tienen sentido de la noche o del día, y se despiertan con frecuencia a lo largo de la noche para alimentarse. Hemos estudiado formas en las que puedes empezar a darles una sensación de noche y día, lo que les ayudará con el tiempo. Esto incluye salir al exterior y obtener algo de luz natural durante el día, y mantener las vigilias nocturnas tan oscuras y silenciosas como sea posible, para que ella reciba el mensaje de que la oscuridad es para dormir.

- **Hambre**

Si está amamantando, asegúrese de mantenerse en contacto con un especialista en lactancia para asegurarse de que su bebé esté recibiendo una buena alimentación, ya que a un bebé hambriento le resultará difícil dormir. La lactancia puede tardar un poco en establecerse, por lo que en esos primeros días es posible que tenga que sostener a su bebé o alimentarlo durante mucho tiempo para que se duerma. Siempre obtenga toda la ayuda que necesite y podrá esperar un mejor descanso una vez que se establezca la rutina de alimentación.

En el caso de los bebés alimentados con biberón, asegúrese una vez más de que el bebé esté recibiendo suficiente alimento, revisando cuidadosamente las instrucciones para mezclar la fórmula. Un baño caliente, seguido de una comida, debe asegurar un buen sueño.

Bebés de dos a tres meses de edad

- **Regresión del sueño**

Alrededor de esta edad su bebé debería estar durmiendo mejor, sin embargo usted también puede notar una regresión del sueño. A menudo va acompañado de un crecimiento acelerado o de un salto de desarrollo, y se caracteriza por un bebé alerta y activo que no muestra signos de querer dormir. No hay mucho que usted pueda hacer aparte de trabajar para solidificar su rutina nocturna - baño, cuento, cama - para que su bebé reciba el mensaje de que las noches son para dormir, no para jugar. Pronto pasará, pero si te está agotando, ve si puedes descansar un poco más o hacer siestas mientras tanto. Más adelante analizaremos más a fondo las regresiones del sueño.

La alimentación durante la noche es otro hábito al que usted puede caer, especialmente con los bebés amamantados. Su bebé se alimenta poco y con frecuencia, dejándola exhausta. Si usted mantiene a su bebé en su cuarto con usted, usted puede ser capaz de manejar la alimentación nocturna sin tener que despertar completamente. Pero si quieres alargar el tiempo entre tomas de alimento para que puedas dormir más, intenta darle a tu bebé una última cosa muy buena por la noche, y quizás exprímele un biberón de leche para que tu pareja pueda tomar el control de una toma (aunque esto puede ser más molesto de lo que vale la pena, y algunos bebés amamantados simplemente rechazarán el biberón y aguantarán por el pecho). Crear horarios fijos para los biberones o la lactancia materna durante el día y tratar de atenerse a ellos también puede guiar a su bebé hacia un patrón más regular de sueño y alimentación a través de la fuerza.

- **Dolor durante la dentición**

Algunos bebés pueden parecer inquietos cuando les sale un diente, con las mejillas rojas y babeando. Un abrazo extra, un anillo de dentición y un baño caliente ayudarán a calmarlo. La dentición en general pasa rápidamente, pero si su bebé parece estar particularmente infeliz, vale la pena una visita a su médico de familia, ya que pueden recomendarle algunos analgésicos para bebés que también le ayudarán a dormir. Dicho esto, la dentición también puede ser utilizada como un término comodín para cualquier comportamiento inestable - a veces, vale la pena mirar un poco más a fondo para averiguar si hay otras soluciones para el comportamiento inestable.

Bebés de cuatro a cinco meses de edad

- Sobreestimulación

Alrededor de esta edad su bebé puede dormir una siesta y empezar a dormir menos durante el día. Esto puede llevar a que se canse demasiado por la noche y a que sea más difícil de asentar. Es importante darse cuenta de que un bebé demasiado cansado puede 'encenderse' y volverse mucho más activo, ruidoso y enérgico, en lugar de soñoliento. Esto puede ser un signo de sobreestimulación, así que si su bebé parece estar muy cansado, trate de comenzar la rutina de la hora de acostarse un poco antes con todas las señales de sueño asociadas para que puedan ponerse al día con el sueño.

Mi segundo hijo solía "agitarse" para dormir, descargando energía extra al bombear sus brazos hacia arriba y hacia abajo. Incluso ahora, a los seis años, hará un poco de gimnasia antes de acostarse. Eso no significa que no esté listo para ir a la cama, así que lo guiaré firmemente a su cama en el momento adecuado y se dormirá en cuestión de minutos. Los bebés y los niños a menudo luchan contra el sueño - ¡pero no los dejes ganar!

A veces, cuando un bebé está demasiado cansado, tarda más tiempo en calmarse, lo que puede crear un círculo vicioso de otra noche tardía seguida de otro día sin resolver. Puede ser útil "romper el ciclo" con una tarde ocupada que incluya algo de juego y tiempo al aire libre, seguido de una buena alimentación, un baño largo y una hora de acostarse temprano. No importa cuán alerta parezca su bebé, tenga en cuenta las cantidades ideales de sueño para cada grupo de edad y trate de conseguirlas - los niños muy cansados no aprenderán y prosperarán tan bien como los que están bien descansados.

Seis meses

- Todavía se despierta queriendo una comida

Aunque no lo recordamos por la mañana, todos nos despertamos durante la noche un par de veces, y nos volvemos a dormir casi inmediatamente sin ningún recuerdo del evento. Los bebés también necesitan aprender a volver a dormirse, preferiblemente solos y sin necesidad de demasiada ayuda de sus cuidadores, después de los seis meses de edad.

Si usted ha estado alimentando a su bebé para que se duerma, ahora podría considerar mover este alimento a treinta minutos antes de la hora de acostarse, y seguirlo con una historia en un libro de cartón y algunas canciones de cuna en la cama. Usted puede esperar algún alboroto en este cambio de rutina, pero si usted es consistente, ella se irá sin el biberón o el pecho si está cansada. Con suerte, esto también hará que las vigilias nocturnas sean más fáciles - si ella aprende que puede volver a dormir sin comer, sólo su voz y tal vez un leve golpe debería ser suficiente para tranquilizarla de nuevo.

Por supuesto, si no te importa alimentarte durante la noche, no sientas que tienes que hacer esto. Pero si usted está agotado durante el día, podría ser una buena idea introducir un poco de entrenamiento suave para dormir alrededor de los seis meses para hacer la vida diaria más fácil. Habrá mucho más sobre esto más adelante!

- **Despertar temprano**

Algunos bebés se levantan temprano, con muchas ganas de irse. Puede intentar ajustar las siestas y las horas de dormir, o poner una persiana de apagón sobre la ventana para tratar de retrasar un poco la hora de despertarse. Otra opción es llevarla a su cama y esperar que vuelva a dormirse.

Sin embargo, en última instancia, las mañanas tempranas son parte integral de tener un bebé pequeño, así que acostarse más temprano para poder manejar el comienzo temprano puede ser la mejor solución.

Corrigiendo las razones menos comunes para un sueño deficiente

Enfermedad

Desafortunadamente, la enfermedad - un malestar estomacal, un dolor de oídos, un resfriado - puede resultar en un sueño terrible. Tenga a mano un analgésico para bebés recomendado por su médico o enfermera de salud infantil para que pueda administrarlo cuando el dolor aparezca en medio de la noche. Con suerte, la enfermedad pasará rápidamente y el sueño volverá. Pero cuando esto sucede, es posible que tenga que aceptar simplemente una noche perturbada y esperar un respiro al día siguiente. Hablaremos más sobre el manejo de los problemas de sueño causados por la enfermedad más adelante.

Viaje o cambio de rutina

Incluso ahora que mis hijos son mayores, acepto que la primera noche en un lugar nuevo va a ser difícil. Un cambio de rutina, la emoción de un nuevo ambiente y posiblemente una larga siesta en el viaje resultarán en una mala noche de sueño, o una hora de acostarse tarde. Sin embargo, para la segunda noche, todos deben estar exhaustos y dormir bien.

Viajar con bebés puede ser difícil por esta y muchas otras razones, así que mi sugerencia es manejar tú expectativas y tomar las cosas con calma. Viajar con niños es más fácil a medida que crecen, y más divertido, especialmente cuando todos saben leer y nadar. Pero en los primeros días, no siempre es relajante o ni siquiera vale la pena la molestia, la mayor parte del tiempo.

En estos momentos, si tienes algún tipo de rutina o estructura que sea familiar para tu bebé, como un baño caliente, seguido de cuentos en la cama, siempre puedes volver a esto para darle a tu hijo la señal de que es hora de dormir. Los abrazos adicionales y mucha tranquilidad también ayudarán.

En momentos de interrupción -viajes, rachas de crecimiento, saltos de desarrollo- una rutina familiar es una gran manera de mantener las cosas en orden hasta que todos se ajusten a la nueva realidad.

Un nuevo cuidador o una nueva guardería son otras cosas que pueden hacer que su bebé esté inquieto y quisquilloso, a menudo justo cuando usted necesita que sean "buenos". Recuerde, su bebé no está tratando de hacer su vida más difícil, sólo están inquietos y necesitan que usted les muestre que todo está bien.

Personalmente, siempre he sido una gran fan de las historias en la cama con mis bebés y niños pequeños. Es una buena manera de relajarse juntos al final del día, y a medida que su hijo crece, le ayudará a hablar y aprender sobre el mundo y a usar su imaginación. Además, leerles a sus hijos los preparará muy bien para ir a la escuela más adelante, y cada vez que lo haga ahora, se beneficiará de ello más tarde.

Sólo dormir mientras se está en brazos

Este es uno de los más difíciles, y se requiere un poco de ensayo y error si desea romper este hábito. A menudo, la introducción de un CD de ruido blanco mientras mece o sostiene a su bebé le dará otra señal para dormir. Después de unos días, usted puede tratar de acostarla mientras toca el ruido blanco, acariciando suavemente, balanceándose o haciéndole callar hasta que se duerma.

A veces los bebés necesitan saber que usted está allí para quedarse dormido. Así que si está intentando esto, quédese con su bebé hasta que esté profundamente dormido. Silencio, palmaditas, mecerse - haga lo que sea excepto acostarse con su bebé o levantarlo. Puede objetar, pero pronto aprenderá que puede quedarse dormido sin ser sostenido, siempre y cuando sepa que usted está allí. Una vez que él haya aprendido a dormirse, usted podrá salir de la habitación más temprano sin demasiados problemas.

Un bebé demasiado cansado que tiene dificultades para conciliar el sueño

Si llega a conocer los signos de cansancio de su bebé -frotarse los ojos, gimotear, puños cerrados a veces- sabrá que debe dejarlos a la primera señal, si puede, antes de que se agoten y se fatiguen demasiado. A veces, sin embargo, te pierdes ese momento mágico y se te hace más difícil hacer que tu bebé se duerma ya que están tan alterados. A veces, subirlos al cochecito de bebé o pasearlos en este puede ayudar cuando el movimiento los adormece. O quedarse con ellos en una habitación oscura hasta que se caigan es otra manera de romper con el cansancio y permitir que el sueño llegue.

Siestecita sólo por períodos cortos de tiempo

Algunos bebés sólo duermen durante veinte minutos y luego se despiertan de nuevo, aun pareciendo cansados. En este caso, vuelva a lo básico y observe toda su rutina de sueño y su entorno. ¿Es la habitación oscura, silenciosa y con la temperatura adecuada? ¿La estás acostando muy pronto? Dormir a un bebé cuando ya está demasiado cansado puede hacer que sea más difícil para él alcanzar un sueño profundo.

También, mire su rutina nocturna - ¿está siguiendo un patrón establecido cada noche, con juegos por la tarde y luz del día, una buena alimentación, un baño largo y una hora fija de acostarse? Poner en marcha una estructura más firme puede ayudar a algunos bebés a adaptarse y dormir mejor. A veces, sin embargo, es sólo cuestión de vivir la experiencia hasta que aprendan a dormir mejor, y si este es el caso, es posible que tenga que buscar maneras de lidiar con menos sueño, que es lo que vimos anteriormente.

Quedarse dormido en el coche o en el cochecito

En el caso de algunos bebés, estos pueden quedarse dormidos mientras usted está fuera, y descubrirá que cuando llega a casa e intenta acostarlos, se despiertan de nuevo, perdiendo su siesta. Si esto le sucede a usted, puede ser más fácil no molestarlos una vez que estén dormidos. Si está en un cochecito, simplemente llévelo a un lugar tranquilo y vigílelo hasta que se despierte. Si está en un coche, estacione en un lugar sombreado y saque un libro o su smartphone, manteniendo el aire acondicionado o la calefacción encendida dependiendo del clima. Si usted lleva bocadillos y bebidas con usted cuando está fuera, usted puede simplemente disfrutar de la hora de la siesta en su coche. Pero nunca, nunca dejes a un bebé dormido en un coche sin vigilancia.

Lo que significan los hábitos de sueño de su bebé

Si a su bebé le resulta difícil conciliar el sueño

Pueden estar demasiado cansados o inestables por alguna razón. En este caso, a menudo es bueno empezar a acostarse antes, y ver si eso ayuda. A un bebé cansado le será mucho más difícil dormir.

Puede que tengan hambre. Alrededor de los seis meses, cuando su bebé comienza a comer sólidos, de repente puede empezar a dormir mucho más profundamente. También puede intentar introducir alimentos ricos en grasa y densos para satisfacer su hambre. Las tostadas con mucho aguacate y mantequilla, por ejemplo, son un alimento denso y alto en grasa que llenará a su bebé. Otro buen alimento es la sopa de pollo en puré - la proteína llena mucho.

Pueden estar teniendo un crecimiento acelerado o un salto en el desarrollo, o pueden estar perturbados por alguna otra razón. Más sobre esto más adelante.

Comportamiento inexplicable e inestable

Desafortunadamente, nunca hay una solución única cuando se trata del comportamiento del bebé. Tampoco hay un conjunto de pautas que resuelvan todos sus problemas de sueño. Lo que puedes hacer es entender lo que es un comportamiento normal y también tener en cuenta que las fases difíciles pasarán con el tiempo. A veces, la mejor solución es asegurarse de obtener suficiente tiempo de inactividad mediante la reducción de otras actividades si se siente agotado. Lo que sea con lo que su bebé esté luchando por lo general no durará mucho tiempo, y con el paso del tiempo su sueño regresará.

Otros hábitos extraños de sueño

Esnifar y roncar

Los bebés hacen todo tipo de ruidos extraños, y esnifar o roncar durante el sueño no es nada de lo que preocuparse. Los bebés también pueden roncar suavemente cuando tienen la nariz tapada. Un vaporizador o humidificador en la habitación, o sentarse con su bebé en un baño con vapor, puede ayudar a limpiar sus conductos nasales y hacerlos más cómodos antes de dormir. Dicho esto, un bebé que ronca todo el tiempo, no sólo cuando está indispuesto, vale la pena llevarlo a su médico, ya que puede ser un signo de un problema de salud. Su médico puede remitirlo a un otorrinolaringólogo pediátrico para que le haga más pruebas.

Sudoración fuerte durante el sueño

Algunos bebés tienden a calentarse , y usted notará que sudan mucho mientras duermen, particularmente durante su sueño profundo y a veces empapando sus sábanas. Debido a que los bebés pasan el 50 por ciento de su tiempo de sueño en sueño profundo, si sudan durante este tiempo, tenderá a ser más notorio. Verifique siempre la temperatura de la habitación y asegúrese de que su bebé no esté demasiado vestido, ya que el sobrecalentamiento puede ser un factor de riesgo para el SMSL.

También debe mencionar la sudoración excesiva a su médico, ya que puede ser una señal de un problema de salud subyacente. No sienta que tiene que amontonar a su bebé con mantas - ellos le harán saber si están fríos, y usted también puede verificar qué tan calientes están al tocar sus manos o su pecho.

Por supuesto, los bebés también pueden tener mucho calor en verano. Si usted tiene calor, es probable que su bebé también lo tenga. Un baño tibio , pero no caliente, y quizás una franela húmeda y limpia para chupar en el baño pueden asegurar que su bebé se mantenga fresco e hidratado lo suficiente como para dormirse. Pero si la casa se siente fresca y su bebé no está demasiado vestido pero aun así se siente muy caliente, hable con su médico.

Balancearse y golpearse la cabeza

Los bebés pueden a veces ponerse a cuatro patas y mecerse en la cama. Parece extraño, pero es totalmente normal, sobre todo cuando se están quedando dormidos. Los bebés también practican a veces nuevos movimientos físicos mientras están medio dormidos, una y otra vez, hasta que finalmente se acuestan y duermen. Vigila a tu bebé si lo hace en la cama, ¡es fascinante! - pero no te preocupes demasiado. Puede estar acompañado de golpes en la cabeza o rodar - otra vez, raro, pero totalmente normal. Esto suele ocurrir entre los seis y nueve meses, cuando los bebés empiezan a dominar nuevas habilidades en torno al movimiento y el gateo.

Los golpes en la cabeza también pueden ser una distracción del dolor de un diente y pueden continuar por algún tiempo. Rara vez es una señal de algo serio, pero vale la pena mencionárselo a su médico, especialmente si su hijo está mostrando cualquier otra señal de retraso en el desarrollo.

Rechinar los dientes

Muchos bebés rechinan los dientes, especialmente durante el sueño. También es común cuando el primer diente sale. Suena horrible, pero no hay nada de qué preocuparse. Sin embargo, puede mencionarlo cuando lleve a su bebé a su primera cita con el dentista, alrededor de un año de edad.

Capítulo 4 - Preparación para el Entrenamiento del Sueño

El entrenamiento para dormir es algo que usted debe considerar cuando usted y su bebé estén listos, si usted se siente desesperada por dormir y quiere que su bebé aprenda a dormirse por sí solo. Aunque no funciona para todos los bebés (o padres), creo que es un enfoque razonable que puede tener un impacto positivo en la vida familiar. Sí, puede haber algunos días de llanto y sueño interrumpido, pero un padre exhausto que se despierta cada pocas horas para acariciar, mecer y alimentar a un bebé tampoco es ideal a largo plazo, especialmente si está afectando su salud mental, sus niveles de felicidad, su trabajo y sus relaciones.

Tenga en cuenta, sin embargo, que usted no tiene que dormir entrenado si no quiere. Si usted puede vivir con el sueño interrumpido y encontrar maneras de arreglárselas, como dormir en compañía o tomar una siesta cuando su bebé duerme la siesta, no necesita hacer nada. Depende de ti, y siempre debes hacer lo que te parezca correcto.

Si usted no quiere entrenar para dormir, simplemente continúe con su rutina a la hora de acostarse y otras estrategias para despertar por la noche que ya hemos delineado, y trabaje alrededor hasta que su bebé esté durmiendo mejor, o decida que es el momento adecuado para entrenar para dormir. Usted puede elegir mantener la cuna del bebé junto a su cama, o colocar un colchón en la habitación del bebé, o alternar las noches de "servicio" con su pareja hasta que su bebé mejore su habilidad para pasar la noche sin despertarse.

En última instancia, como con todo lo que tiene que ver con el cuidado de un bebé, usted puede mirar la investigación y la información actual, tomar lo que pueda y decidir qué es lo que funcionará para usted y su familia. Antes de sumergirnos en lo esencial del entrenamiento del sueño, sin embargo, necesitamos ver lo que es. También veremos cómo determinar si su bebé está listo para el entrenamiento del sueño, y cómo elegir el método de entrenamiento del sueño adecuado para su bebé.

Duras verdades sobre el entrenamiento del sueño que todos los padres deben saber

El entrenamiento para dormir, al que a veces (erróneamente) se le llama "llorar", es esencialmente enseñar a su bebé a dormirse por sí solo o con ayuda limitada.

Usted puede ir a la habitación periódicamente para tranquilizarlo -dando palmaditas, acariciando y calmando - pero sin levantar al bebé ni lo llevarlo a la cama. El objetivo es "entrenar" a su bebé para que se duerma de forma independiente, sin necesidad de mecerse, abrazarlo, darle biberones, amamantarlo y otras ayudas para dormir que usted ha estado utilizando.

Puede ser un tema divisorio. Algunas personas creen que usted nunca debe dejar que un bebé llore, que le causará un daño psicológico incalculable y que simplemente debe aceptar lo que el bebé quiere. Los expertos en desarrollo infantil no siempre están de acuerdo en si es una solución apropiada para el mal sueño. Pero lo que sí sabemos es que es posible introducir un poco de entrenamiento del sueño de una manera suave, sin simplemente cerrar la puerta a su bebé y dejarlo solo hasta la mañana. En los viejos tiempos se conocía como el método de "llorar", ¡y definitivamente hemos pasado de eso! Aquí están algunas cosas que usted necesita considerar al decidir entrenar el sueño.

El entrenamiento del sueño no siempre funciona

Ya sea que usted siga el camino anticuado (y ya no recomendado) de dejar a su bebé solo hasta la mañana, o intente un enfoque más suave, tenga en cuenta que el éxito no está garantizado. Ambos métodos funcionan con algunos bebés, pero no con todos. Algunos se resistirán más, y es posible que tenga que aceptar esto y recordar que en unos pocos años estarán en sus propias camas y durmiendo bien. Y que cuando sean adolescentes, usted luchará para que no duerman en absoluto, y tal vez anhele sus días de bebé.

Tenga en cuenta, además, que para alrededor del 20 por ciento de los bebés, el entrenamiento para dormir simplemente no funciona - pueden ser demasiado jóvenes, o no ser capaces de hacer frente a la separación de sus padres. Como en tantos escenarios de crianza, todo se reduce al temperamento único de su hijo. Y el suyo también, puede que se dé cuenta de que no puede soportar el sonido de su bebé en apuros gritando por usted y abandone la idea desde la primera noche.

No es algo por lo que tengas que castigarte.

A algunos padres les resulta increíblemente difícil tomar la decisión de entrenar para dormir, preocupándose de que están siendo crueles o causando a su bebé un daño emocional duradero. Lo que usted necesita tener en cuenta, sin embargo, es que en el entorno de un ambiente familiar amoroso y seguro, es poco probable que el entrenamiento para dormir cause ningún daño duradero. Y, de hecho, si regresa al trabajo, cuida de otros niños o conduce con regularidad, es esencial que usted también duerma bien durante la noche, por razones de seguridad y por su propia salud mental y bienestar. Así que, por favor, no se castigue por querer cambiar los hábitos de sueño de su bebé. A veces, por el bien de la familia, vale la pena al menos intentarlo.

También hay que tener en cuenta que hace mucho tiempo los padres tenían mucho más apoyo familiar al que recurrir, con los abuelos y otros miembros de la familia ayudando en el cuidado de los niños y apareciendo silenciosamente a altas horas de la madrugada para dar un respiro a los padres exhaustos. Además, hoy en día, muchas mujeres combinan el trabajo con el cuidado de los niños, por lo que necesitan estar alerta y ocupadas durante el día.

Las familias de hoy en día también tienden a ser mucho más pequeñas y más contenidas, y la ayuda familiar cercana o la ayuda de los hermanos mayores no siempre está disponible. Esto significa que los problemas de sueño caen directamente sobre los hombros de los padres (a menudo de la madre). No es irrazonable, en el ambiente de presión de los padres de hoy en día, trabajar para lograr una buena noche de sueño!

Es una buena idea tratar los problemas de sueño más temprano que tarde.

En el caso de los bebés y los niños, cuanto más tiempo se deja un comportamiento en particular sin abordar, ya sea chuparse el dedo o quedarse dormido frente al televisor, más difícil será cambiarlo. Así que si usted se acuesta con su bebé todas las noches, o lo alimenta para que se duerma, se acostumbrará y no querrá cambiar. Si no te importa, está bien, no necesitas cambiar nada. Pero si usted quiere pasar menos tiempo en la noche a la hora de acostarse, por ejemplo, es mejor que lo haga de frente en lugar de esperar y tener la esperanza de que las cosas cambien por sí solas. Lo más probable es que, si al bebé le gusta (y si significa estar cerca de usted, lo hará), no cambiará sin un poco de lucha. Habrá algo de dolor y llanto mientras pones en su lugar los nuevos hábitos, pero si eres firme, consistente y determinado, el dolor durará poco y puedes esperar que todos duerman mejor y que tus tardes vuelvan. Como padre, usted está a cargo, y si usted es consecuente, su hijo se acoplará eventualmente. Quieren complacerte, después de todo.

No existe una fórmula fija que garantice su funcionamiento

Algunos libros de entrenamiento del sueño ofrecen un enfoque muy estructurado para el entrenamiento del sueño, pero lo que necesita recordar es que los autores no conocen a usted ni a su bebé. Así que lo que funciona para algunos bebés no funcionará para otros, y eso no significa que usted esté haciendo algo malo. Lo que hay que buscar es lo que algunos investigadores llaman el "momento mágico" en el que el bebé deja de llorar y se va quedando dormido poco a poco. Esto puede deberse a la tranquilidad y a las visitas de los padres, o su bebé puede mejorar si usted se retira de la habitación por un poco más de tiempo entre las visitas.

Lo resolverás tú mismo, y te sorprenderá descubrir que tu bebé necesita un poco de tiempo para relajarse y llorar solo, sabiendo que estás cerca, para poder dormir.

Incluso ahora, mi hijo en edad preescolar a menudo se duerme más rápido si lo dejo solo, aunque me llame. Si entro, él quiere charlar y comprometerse conmigo, y todo el proceso toma más tiempo. Eventualmente, usted descubrirá qué es lo que ayuda a su bebé en particular. También podrá diferenciar entre un llanto de sueño en decadencia, no particularmente angustiado, que es simplemente el llanto del bebé que se desenvuelve y libera el estrés acumulado antes de dormir, y un llanto de angustia grave y ansioso que no va a resultar en sueño en un futuro cercano.

Es importante recordar, también, que algunos bebés, niños pequeños, niños e incluso adultos lloran de forma saludable. Un buen llanto nos relaja y descarga emociones y tensiones, así que no sienta que le está haciendo daño a su hijo si lo deja llorar un poco. A veces, es simplemente parte de su proceso de quedarse dormido, y les ayuda a relajarse y aflojarse . Sólo es un problema si los deja llorar solos durante horas o ignora cualquier angustia grave. Un enfoque tranquilo y relajado, con algunas palabras de apoyo, es la mejor manera de manejar el entrenamiento del sueño.

Lo que definitivamente usted no quiere hacer es intentar el entrenamiento del sueño, abandonarlo, y luego intentarlo de nuevo, de vez en cuando, por un período de tiempo indefinido. Esto es injusto para su bebé, ya que no sabe lo que usted quiere de él y no sabrá qué esperar a la hora de acostarse.

Es posible que su bebé duerma mejor después de entrenar, pero todavía habrá noches malas

El entrenamiento del sueño no es una solución milagrosa, y no se trata de resolver todos los problemas de sueño de su bebé para siempre. Se trata más bien de mejorar las cosas para que su bebé pueda dormir de forma independiente y usted se sienta más descansada en general.

Seguirá teniendo noches en las que su bebé la necesita - quizás tuvo un mal día, se siente mal, o está pasando por un período de crecimiento o un salto en su desarrollo y necesita un poco más de tranquilidad. No hay nada malo en ir a ver a tu bebé en la noche cuando llora por ti - eso es simplemente parte de ser padre. Sin embargo, eso no significa que tengas que recogerla o meterla en tu cama, a menos que quieras. Una vez que haya hecho un poco de entrenamiento básico para dormir, su bebé generalmente podrá volver a dormirse con unas pocas palabras suaves y con un impacto tranquilizador para usted . Y si tiene una noche inestable debido a una enfermedad u otra razón, vuelva a su rutina tan pronto como sea posible para no deshacer todo el progreso que ha hecho.

En resumen, depende de usted - y en el contexto de un hogar amoroso, muchos expertos en salud infantil creen que vale la pena intentarlo si se siente exhausto e irritable.

¿Está su bebé listo para el entrenamiento del sueño?

Alrededor de los seis meses es un buen momento para pensar si su bebé está listo para el entrenamiento del sueño. Antes de este tiempo, es apropiado para el desarrollo que su bebé se despierte en la noche para alimentarse, y realmente no puede ser "entrenado" para dormir por más tiempo. Pero si usted decide que quiere tratar de cambiar las cosas, no espere demasiado tiempo después de este punto, así los hábitos de sueño serán más establecidos y más difíciles de romper.

A los seis meses de edad, un bebé estará acostumbrado a que usted los levante y los meza para que se duerman, y tal vez los alimente también. Pero si usted siente que le gustaría dormir más, entonces no hay nada malo en tratar de cambiar las cosas un poco. Así que si en este punto usted decide que le gustaría probar el entrenamiento del sueño, puede ser que en un período de tres o cuatro noches de llanto, usted encontrará que su bebé se está acomodando y durmiendo mucho mejor.

Entonces, ¿cuándo se recomienda el entrenamiento para dormir? Siga leyendo para conocer algunas razones comunes para probar el entrenamiento del sueño.

Si su bebé se está despertando durante la noche para ser alimentado.

Aquí, puede que no le importe alimentar a su bebé durante la noche. No hay nada malo en hacerlo, especialmente si usted está amamantando y su bebé está cerca, y usted puede alimentarse sin que ninguno de los dos se despierte demasiado. Pero si usted todavía se está despertando durante la noche para calentar biberones y su bebé necesita calmarse y mecerse para volver a dormir, no es irracional que al menos trate de cambiar las cosas en este momento.

Alrededor de los seis meses es un buen momento para intentarlo: es probable que su bebé esté mucho más asentado y relajado y que usted haya superado la conmoción inicial de un nuevo bebé. Si usted siente que le gustaría presionar para que haya un poco más de rutina alrededor del sueño, inténtelo.

Si su bebé no es capaz de dormirse solo

Una vez más, esto puede no ser un problema para usted. Pero si usted tiene otros niños que cuidar, o simplemente quiere que sus noches regresen y le gustaría que su bebé pudiera quedarse dormido independientemente, puede ser una buena idea intentar un entrenamiento suave para dormir. Los padres solteros y los padres de gemelos también pueden necesitar probar el entrenamiento para dormir más pronto por razones prácticas.

A medida que su bebé crece, el mecerse para dormir puede volverse más difícil, por lo que es posible que descubra que sus brazos doloridos toman la decisión por usted. El resultado final será idealmente que usted lleve a cabo su rutina habitual a la hora de acostarse, como hemos discutido en capítulos anteriores, acomódelo en la cama y él o ella se quedará dormido de forma independiente, quizás con un poco de llanto de "bajón". ¡Y tendrá sus noches de vuelta!

Si su bebé ya está durmiendo más tiempo por la noche

Una vez que su bebé esté más grande, y comiendo tres comidas al día y durmiendo bien por la noche, usted puede considerar el entrenamiento del sueño para llevar a su bebé a mejores hábitos de sueño a largo plazo. Si despertar para amamantar o tener un biberón en medio de la noche ya no es necesario desde el punto de vista nutricional, sino que parece más bien un hábito, puede elegir entrenarse ahora.

Si su bebé muestra alguna capacidad de auto calmarse

Si su bebé parece relajado en general, y se duerme fácilmente sin parecer irritable o angustiado, usted puede intentar entrenar el sueño ahora. Algunos bebés son temperamentalmente más nerviosos que otros, pero si usted siente que su bebé responderá bien al entrenamiento del sueño, y usted está generalmente contenta con su desarrollo, no hay nada malo en darle una oportunidad a los seis meses de edad. Siempre puedes intentarlo de nuevo a los nueve o doce meses si no funciona. Si tienes mucha suerte, es posible que termines con un bebé que prefiera dormirse a la deriva sin ninguna atención adicional. Aunque si ese es el caso, ¡probablemente no leerás este libro!

El momento es adecuado para su familia

Abordar las noches perturbadas y tratar de hacer que toda su familia duerma mejor va a tomar unas cuantas noches de interrupción, esfuerzo y fuerza de voluntad en su nombre. Considere esto, lea sobre el entrenamiento del sueño, y planee su enfoque y tiempo para que tenga la mejor oportunidad de éxito. No entrene dormido cuando esté ocupado en el trabajo o con otras actividades y necesite descansar. Asegúrese de no tener otras cosas pendientes , como visitas que vienen a quedarse o unas vacaciones lejos de su casa y de su rutina. Tampoco debe intentar entrenar para dormir cuando su bebé está enfermo o de alguna otra manera perturbado con algún cambio en su rutina, como por ejemplo, comenzar en una nueva guardería.

Elige un momento en el que todos estén bien y felices, y podrás concentrarte por unas cuantas noches. Si no funciona, que así sea. Siempre puedes volver a intentarlo dentro de unos meses.

Cómo elegir el método correcto de entrenamiento del sueño para su bebé

No hay un solo método de entrenamiento del sueño que esté garantizado que funcione. Las investigaciones muestran que todos logran aproximadamente el mismo grado de éxito, pero esto dependerá de lo que funcione mejor para su hijo y su temperamento particular. Lo más importante es ser coherente. Los cuatro métodos principales son "Llorando", "Desapareciendo", "Recogiendo-dejando" y "Acampando".

Y está el método final, que usted puede encontrar, eventualmente, es que lo mejor para usted y su familia es dormir con su bebé, porque él o ella exige estar cerca de usted. Siempre puede volver a intentar el entrenamiento del sueño más tarde.

Como he mencionado, para cuando su bebé tenga unos seis meses de edad, usted tendrá alguna idea de su temperamento. De hecho, tendrás una idea de su personalidad tan pronto como lo conozcas, pero a los seis meses ya deberías saber si es un bebé irritable y meloso o un bebé más relajado. ¿Necesita estar cerca todo el tiempo o es feliz sólo por los períodos? ¿Está decidido a hacer siempre lo que quiera o muestra un poco de flexibilidad? Todos estos factores le ayudarán a decidir qué tipo de entrenamiento del sueño utilizar.

Lo primero que hay que resolver es si necesitas un entrenamiento para dormir. Si tienes suerte, es posible que tengas un bebé que se tranquilice por naturaleza. Intenta esta prueba: duerma a su bebé cansado y bien alimentado y déjelo llorar un rato. Puede que se duerma rápidamente por sí solo, en cuyo caso usted no necesita el entrenamiento del sueño en absoluto - ¡qué suerte!

Pero no siempre es tan fácil. En términos generales, un niño muy sensible y muy nervioso necesitará un enfoque más lento, o tal vez no pueda lidiar con el entrenamiento del sueño en absoluto.

Un niño de voluntad más fuerte puede necesitar un enfoque más firme, y necesite ser dejado dormir en gran parte solo con unas cuantas noches de llanto, ¡porque un padre que viene a la habitación fortalecerá su resolución de luchar contra el nuevo sistema!

Otros bebés relativamente fáciles de llevar suelen responder bien a los métodos más suaves de "No llorar", "Desapareciendo" o "Llorando modificado.

También tienes que pensar en tu propio temperamento: ¿tienes la determinación de hacer un programa de entrenamiento para el sueño en un corto período de tiempo, o te sientes más cómodo tomando más tiempo para entrenar para dormir, pero haciéndolo con más suavidad? El entrenamiento para dormir puede ser particularmente difícil cuando ya no se puede dormir, y para cualquier padre, el sonido de un bebé llorando es bastante insoportable.

Además, tienes que pensar en otras personas de la familia. ¿Los niños serán despertados por los gritos nocturnos? ¿Tiene usted un compañero que pueda ayudar a compartir la carga del entrenamiento del sueño? Usted está cuidando por un mínimo de tres noches de interrupción, con muchos bebés tomando de siete a 10 noches antes de que estén completamente a bordo. Así que planifica tu estrategia en consecuencia.

¿Listo para sumergirte?

En el siguiente capítulo, le daremos una serie de métodos de entrenamiento del sueño que puede probar, desde un entrenamiento suave hasta métodos más rápidos que puede llevar a cabo durante varias noches. También analizaremos lo que necesita hacer para tener éxito, y lo que sucede si no funciona.

Primeriza Madre

Capítulo 5 - Éxito del entrenamiento del sueño

4 métodos Transformativos de Entrenamiento del Sueño

Antes de sumergirnos en los diversos métodos de entrenamiento del sueño, es importante entender que no hay garantías. Y, como todo lo que tiene que ver con los bebés, no hay una sola respuesta. Lo que usted puede terminar usando es una combinación de los métodos que se describen a continuación. Una vez que empiece a llorar, puede que se dé cuenta de que incluso dos minutos de llanto son insoportables para usted, y decida optar por un método más suave. Siempre sigue tus propios instintos en este caso , y nunca hagas nada que te haga sentir mal. Pero también trata de no sentirte culpable por un poco de llanto. Honestamente, no le hará ningún daño permanente a tu bebé. El daño permanente a los niños proviene de cosas como el abuso, la guerra, la escasez de alimentos y la falta de hogar. Así que recuerde mantener la cuestión del entrenamiento del sueño en perspectiva!

Es normal que los bebés lloren antes de dormir - les ayuda a descargar el estrés y a cansarse, y usted no es un "mal padre" si decide intentar dormir más o ayudarles a dormirse por sí mismos. Recuérdate de los beneficios generales de que todos duerman más, y también de la famosa frase de los padres, "Esto también pasará". Una madre exhausta tampoco es buena para su bebé, y si usted está regresando al trabajo o tiene otros compromisos, como otros niños, es perfectamente razonable tratar de que su bebé tenga mejores hábitos de sueño.

Antes de empezar, recuerde implementar una rutina de día semirregular, con suficiente actividad interesante y variada para que su bebé se quede cansado pero no completamente exhausto. Trate de incorporar una caminata o salida, algo de luz del día, algo de "juego", una visita a una nueva casa o pariente, y mucha charla y canto, etc., así como tres comidas saludables y llenas. Las siestas deben ser regulares e idealmente no demasiado tarde, ya que si su bebé está demasiado cansado le resultará más difícil asentarse.

Este ocupado día puede ser seguido por una secuencia de rituales previos a la cama, como se mencionó anteriormente - un baño caliente, tal vez un masaje con un poco de aceite de lavanda infundido para bebés, una historia de libro de cartón o dos, una canción de cuna, muchos abrazos, y meter a su bebé en su traje de dormir. Mantenga las luces bajas, apague el televisor y asegúrese de que no ocurra nada interesante en otra habitación que su bebé pueda captar y quiera investigar.

Todos estos rituales enviarán el mensaje a su bebé de que es hora de relajarse y dormir, y de hacer que el entrenamiento del sueño sea más suave. Si usted ha estado alimentando a su bebé para que duerma, puede tratar de romper esta asociación al alimentarse antes de los cuentos y el traje de dormir, en lugar de hacerlo al final. Mantenga la calma durante todo el ritual de la hora de acostarse, incluso si está desesperada por conseguir que el bebé se duerma para que pueda tener algo de tiempo para usted. Su bebé siempre se dará cuenta de su estado de ánimo, así que si usted parece agitada o impaciente, puede tardar más tiempo en adormecerlo y quedarse dormido.

Esencialmente, ponga en orden su casa durante el día, incluyendo siestas diurnas y un ritual a la hora de acostarse, antes de que intente hacer frente a las noches. Cubriremos más siestas en un próximo capítulo.

OK - ahora pasemos a los cuatro métodos de entrenamiento del sueño más comunes, y los beneficios de cada uno.

Método de desvanecimiento

Esto tiene varios nombres, pero lo llamo el Método del Desvanecimiento. Esencialmente, con este método, usted pone a su bebé a dormir después de su ritual normal de la hora de acostarse, y sale de la habitación. En este punto, su bebé normalmente llorará por usted, pero en lugar de entrar inmediatamente, usted espera un minuto más o menos antes de volver a entrar para calmarlo, tranquilizarlo y decirle unas cuantas palabras suaves. Pero usted no recoge a su bebé.

Gradualmente, usted aumenta la cantidad de tiempo que está fuera de la habitación, estirándola en uno o dos minutos, hasta que esté fuera de la habitación durante 10-15 minutos por vez. Lo ideal es que su bebé se canse y se quede dormido. Si este método va a funcionar, debería hacerlo en el plazo de una semana. Algunas personas descubren que este método angustia más al bebé, ya que cada vez que usted reaparece en la habitación lo molesta una vez más. Otros descubren que funciona bien y después de unos días a una semana su bebé se está durmiendo con un mínimo de llanto y angustia.

Este es el método estándar que funciona mejor para la mayoría de los padres, así que es el que cubriré en detalle más adelante. Otros métodos son simplemente variaciones de éste - algunos más suaves, otros más dramáticos. Pero ésta es la que te recomiendo encarecidamente que empieces por ella y luego la adaptes dependiendo de la respuesta de tu bebé.

Método Llorando

También conocido como el Método de la Extinción, este es el método clásico en el que la mayoría de la gente piensa cuando escucha las palabras "entrenamiento del sueño". También puede llamarse "llanto controlado". Esto consiste esencialmente en acostar a su bebé y no volver durante un largo período de tiempo, a veces incluso hasta la mañana. Es duro para el bebé, que puede llegar a estar muy angustiado, y también puede ser duro para los padres. En general, creo que es mejor aceptar que usted va a tener unas cuantas noches de sueño interrumpido atendiendo a su bebé y espero que duerma mejor al final de la noche. A la mayoría de los padres les resultaría muy difícil quedarse dormidos ante un bebé que grita.

Método Recogiendo-dejando

Este método es similar al método Desapareciendo, en el sentido de que usted entra y sale de la habitación durante períodos de tiempo que se alargan gradualmente. Sin embargo, difiere en que en lugar de tranquilizar a su bebé con palabras y golpes, usted lo levanta para calmarlo, antes de colocarlo de nuevo en su cuna. Para algunos bebés, esta sujeción extra los hace sentir seguros y eventualmente se quedarán dormidos. Para otros, sin embargo, el ser recogidos y echados con el tiempo los hará sobre estimulados y angustiados, y lucharán más duro para dormir.

También puede depender de cómo te sientas - si te encuentras agitado y molesto por el llanto de tu bebé, puede que se dé cuenta de ello y se sienta más angustiado.

Este método es, sin embargo, bastante suave, por lo que puede comenzar con bebés que sólo tienen un par de meses de edad. Puede funcionar desde una edad muy temprana, y si no lo hace, simplemente puede intentarlo de nuevo un poco más tarde.

Método de acampada

Esto implica estar en la habitación, sentado en una silla, para tranquilizarlo, pero no recoger a su bebé, mecerlo o alimentarlo. Poco a poco se aleja cada vez más la silla hasta que se sale de la habitación. El bebé sabe que usted está allí, pero poco a poco aprende a dormirse solo.

Este método se puede utilizar cuando otros han fallado, pero puede ser angustiante para los padres si su hijo se altera mucho y usted siente que no debería' recogerlo. Sin embargo, significa que usted no tiene que dejar a su bebé solo para llorar, lo cual algunos padres encuentran insoportable.

Otra opción aquí es colocar un colchón extraíble junto a la cuna de su bebé, para que sepan que usted está allí, pero que realmente no puede verla ni relacionarse con usted. Usted puede tomar el tiempo para descansar mientras ellos se duermen (o traer su teléfono inteligente, siempre y cuando su bebé no se distraiga) y luego simplemente salir de puntillas una vez que estén dormidos. Sin embargo, usted puede preguntarse qué tan exitoso es esto, ya que su bebé todavía está usando su presencia como un "auxiliar del sueño". No es fácil!

Entrenamiento del sueño en más detalle: He aquí cómo

Ahora cubriré el método de entrenamiento de sueño Desapareciendo, que usted puede adaptar en función de la respuesta de su bebé. Esto le da un método básico a seguir, pero de ninguna manera es prescriptivo - usted tendrá que adaptarlo para que se acomode a su temperamento así como al de su bebé. Este es el que entrena a su bebé, pero más suavemente que el método tradicional Llorando, y me parece el más fácil tanto para los padres como para el bebé.

Aquí está cómo hacerlo:

1. Lleve a su bebé a su propia habitación

Si usted está comenzando el entrenamiento del sueño alrededor de los seis meses, está bien permitir que su bebé se duerma en su propia habitación mientras se está llevando a cabo el entrenamiento. Si su bebé ha estado en su habitación hasta ese momento, déjelo allí, pero reubíquelo temporalmente en otra parte de la casa o apartamento usted mismo, incluso en un colchón en su sala de estar, si no tiene ningún otro lugar. Una vez que su bebé esté durmiendo mejor, usted puede volver a su dormitorio.

Si su bebé ha estado compartiendo habitación con un niño mayor, muévalo a su habitación o a otra habitación durante cinco noches más o menos (hágales saber que no será para siempre, sólo hasta que el bebé esté durmiendo mejor). Una vez terminada la capacitación, el niño puede volver a vivir con el bebé y, de hecho, esto suele funcionar muy bien para los niños pequeños, a quienes les gusta tener un hermano en la misma habitación que ellos.

2. Quitar todas las ayudas para dormir

Si quieres que tu bebé aprenda a dormir, tendrás que quitarle todo lo que usa actualmente para volver a dormir. Esto incluye chupetes, biberones de leche, mecerse, acariciar y amamantar. Los bebés que han aprendido a dormir seguirán despertándose de vez en cuando por la noche, pero no necesitarán biberón, lactancia materna, chupete o cualquier otra cosa para volver a dormirse. Si desea una buena noche de sueño, todas estas ayudas tienen que desaparecer, o seguirá siendo despertado por la noche para el "servicio de habitaciones".

3. Planifique su enfoque

Lo ideal es que el entrenamiento del sueño se lleve a cabo una vez que haya elaborado un plan y lo haya hablado con su pareja, de modo que ambos estén en la misma página. Además, si tiene vecinos cercanos, hágales saber lo que está sucediendo para que no asuman que el bebé está llorando. Escoja el momento que más le convenga, cuando el bebé esté bien y usted no tenga otras cosas en marcha.

4. Asegúrese de que usted también esté bien y feliz

No intente entrenar el sueño si está bajo mucha presión en el trabajo, o no se siente feliz por ello por alguna razón. El entrenamiento del sueño requiere que los padres estén tranquilos y seguros, así que descanse un poco más durante la preparación y asegúrese de que se siente tranquilo y positivo antes de comenzar. Piensa tranquilo, seguro, consistente y estarás en camino a mejores noches! Si usted se va a estar desmoronando, llorando y sintiéndose culpable, es mejor que ni siquiera intente entrenar el sueño, ¡ya que se necesita determinación!

La primera noche

Realice el ritual de la hora de acostarse como de costumbre alrededor de las 19.30 horas, asegurándose de que su bebé se haya levantado al menos a las 16.00 horas, preferiblemente antes.

Ponla en la cama sin ningún tipo de ayuda para dormir. Llorará, pero permanecerá fuera de la habitación durante unos minutos, luego volverá a entrar y le dará un breve consuelo, como una caricia en la mejilla o unas palabras suaves, y luego se irá de nuevo.

Recuerda, ahora necesita dormir.

Regrese con su bebé tantas veces como sea necesario, pero gradualmente alargue los intervalos hasta que se duerma. Esté preparado para un poco de resistencia - esto puede tomar una hora, o tal vez dos, y habrá mucho llanto y gritos. Recuérdese de los beneficios de que cada uno duerma más ininterrumpidamente por la noche, si se siente vacilante.

También se despertará durante la noche, especialmente si está acostumbrada a tomar leche materna, biberón o chupete. En lugar de levantarse y acostarse toda la noche, levántese de la cama cuando se despierte de nuevo, tome una taza de té o vea la televisión y espere hasta que se vuelva a dormir.

Puede haber mucho llanto la primera noche. Pero para la tercera noche de entrenamiento del sueño habrá menos, y su bebé debería estar durmiendo bien dentro de cinco noches, después de una pequeña cantidad de llanto al 'desconectarse' a la hora de acostarse.

Cómo asegurarse de que su bebé duerma durante la noche

Una vez que haya pasado por el entrenamiento del sueño con su bebé, naturalmente querrá asegurarse de que siga funcionando. La mejor manera de asegurar que su bebé duerma mucho y se despierte muy poco por la noche (teniendo en cuenta las interrupciones ocasionales debidas a enfermedades o a un salto en el desarrollo, por ejemplo), es mantener la coherencia. He aquí algunas maneras de asegurarse de que su bebé duerma toda la noche.

No reintroduzca los auxiliares para dormir

Como parte de su entrenamiento para dormir, usted quitó todos los auxiliares externos para dormir, tales como chupones, biberones de leche y lactancia materna. Ahora que lo has hecho, no vuelvas a introducir el chupete u otras ayudas, ya que esto sólo confundirá a tu bebé y te retrasará.

Los bebés que han aprendido a dormir solos, sin ayuda externa, continuarán haciéndolo, y deben hacerlo hasta la mañana sin molestar a sus padres en absoluto. Esto puede hacer que el sueño diurno sea más difícil durante una semana más o menos, pero pronto también mejorará.

No cambien su pañal durante la noche

Una vez que su bebé esté dormido, déjelo en paz. No hay necesidad de cambiar pañales durante la noche.

No te asustes si vomitan.

Algunas veces, un bebé puede vomitar durante el entrenamiento del sueño. Esta no es razón para darse por vencido, ya que los bebés vomitan muy fácilmente a veces. Si esto sucede, mantenga la calma, limpie a su bebé sin demasiado alboroto y continúe como empezó. Mientras usted permanezca calmada y constante, su bebé se calmará rápidamente.

Por qué falla el entrenamiento del sueño y qué hacer

A veces el entrenamiento del sueño simplemente no funciona. Esto puede deberse al temperamento del bebé o al hecho de que usted simplemente no puede soportar dejar que su bebé llore. A continuación se presentan algunas razones comunes para el fracaso y lo que puede hacer al respecto.

- **Sus arreglos de vivienda no son adecuados**

    Si usted tiene un apartamento muy pequeño y comparte una habitación con su bebé, puede ser difícil dejar que el bebé llore. Los vecinos y otras personas que viven en su casa y que no están de acuerdo con lo que usted está haciendo también pueden dificultar las cosas. No hay respuestas fáciles aquí - puede que tenga que esperar un poco más, o trabajar en el entrenamiento del sueño de su bebé un poco más despacio, con menos llanto. Las opciones aquí incluyen, por ejemplo, mecerse, acariciar, dar palmaditas, un muñeco y amamantar durante la noche.

- **Su bebé se resiste con fuerza**

  Algunos bebés reaccionarán muy fuertemente al entrenamiento del sueño y a dejar de usar sus ayudas para dormir. En algunos casos, esto puede significar que toma más tiempo. En otros, usted puede sentir que el llanto y las protestas no valen la pena. Puede tomar hasta siete días para ver los resultados, pero siempre y cuando siga las pautas que he descrito anteriormente, y su bebé no parezca estar más angustiado, usted puede continuar.

  También puede ser que su bebé no esté listo. En este caso, espere hasta que sea un poco mayor, tal vez nueve o diez meses, y luego intente de nuevo.

- **Falta de apoyo de los que le rodean**

  Algunas veces el entrenamiento para dormir falla porque uno de los padres no está de acuerdo con la idea, o quizás porque otras personas, como amigos y familiares bien intencionados, intentan decirle que es una mala idea. Si no puede llegar a un compromiso adecuado, o se siente vacilante, de nuevo, puede ser mejor dejarlo por unos meses y volver a intentarlo más tarde. Como siempre, escuche sus propios instintos aquí, ya que le servirán mejor que los forasteros bien intencionados que no entienden a su bebé o a su situación tan bien como usted. Y charla con tu proveedor de atención de la salud si eso ayuda.

- **Falta de planificación o simplemente no es el momento adecuado**

Como se puede ver en la lectura del programa, es necesario tener en cuenta una cierta cantidad de sueño interrumpido y de interrupción cuando se entrena el sueño. Si usted trata de hacerlo en un momento en que tiene muchas otras cosas que están sucediendo, o no ha tenido en cuenta la cantidad de energía que se necesita, es posible que no tenga éxito. De nuevo (¿estás viendo un tema aquí?), déjalo ir si no funciona o no puedes manejarlo ahora mismo, e inténtalo de nuevo más tarde.

Personalmente, no creo que valga la pena hacer demasiado entrenamiento para dormir antes de los seis meses de edad. En mi experiencia, usted obtendrá mejores resultados si espera hasta que su bebé esté comiendo bien durante el día, y más asentado en general. Antes de eso, manejar con menos sueño y adaptar su estilo de vida en consecuencia es una mejor opción.

- **Falta de consistencia**

Si usted deja que su bebé entre en su cama una noche, luego la noche siguiente se niega a recogerlo, y luego se rinde después de dos horas, entonces es justo decir que usted no va a entrenar a su bebé para dormir con éxito. Recuerde que a los bebés no les resulta fácil entender lo que usted está tratando de hacer, por lo tanto, ser consistente es esencial si desea que un nuevo hábito se mantenga. Ellos estarán de acuerdo con lo que usted quiere eventualmente, pero necesitan saber qué es eso.

- **No tienes los sueños del día bajo control.**

Si usted no tiene un sueño diurno constante, tendrá dificultades para implementar cualquier tipo de rutina durante la noche. Como he dicho antes, trabaje siempre en su rutina diurna y en su ritual a la hora de acostarse antes de intentar hacer frente a las noches. Si esto es bastante consistente, el entrenamiento del sueño debería ser mucho más fácil.

- **Tus chequeos son demasiado estimulantes**

Cuando vaya a ver a su bebé, tenga cuidado de no prestar demasiada atención. Mantenga la calma y la tranquilidad, pero mantenga su visita lo más breve y sencilla posible para no sobre estimular o angustiar aún más a su bebé. Usted quiere que se sienta seguro y tranquilo por su presencia, pero también que sea capaz de dormirse - un equilibrio difícil, y que puede ser más fácil con su segundo bebé, si es que usted tiene uno.

Capítulo 6 - ¡Es la hora de la siesta!

Los buenos días de sueño son otra necesidad importante para los bebés durante su primer año. Los patrones de las siestas cambiarán y eventualmente su bebé tendrá su propia rutina establecida. Hacer esto bien, y priorizar las siestas para que no pierdan este importante tiempo de descanso, es la clave para dormir bien por la noche.

Una pregunta que los nuevos padres a menudo hacen es si la hora de la siesta puede interferir con la hora de acostarse. Generalmente, no. Mientras que una siesta muy tardía -por ejemplo, despertarse después de las 4 p.m., puede llevar a una hora de acostarse más tarde- para la mayoría de los bebés, unas buenas siestas durante el día significan que no están demasiado cansados por la noche y que les será más fácil quedarse dormidos .

Si usted acostumbra a su bebé para su siesta de la tarde a tiempo que permite dos ciclos de sueño de 45 minutos y una hora de despertarse alrededor de las 3 p.m., usted debería estar bien para la hora de acostarse. Y, por supuesto, algunos padres afortunados tienen un bebé que puede dormir hasta las 5 de la tarde y aun así volver a la cama a las 7 de la tarde.

Los bebés cambian tan rápidamente a lo largo de su primer año, y ese "buen durmiente" que usted trae a casa desde el hospital pronto estará despierto mucho más, y necesitará más ayuda para volver a dormir las siestas diurnas. Siga leyendo para obtener una guía sobre cuántas siestas debe tomar su bebé durante su primer año y después.

Los recién nacidos (hasta las seis semanas de edad) deben tomar de tres a cinco siestas al día, con 30 a 90 minutos de tiempo despierto entre cada siesta. Habrá una siesta por la mañana y una o dos por la tarde, con tal vez un par de "siestecitas" cortas, también.

Los bebés de seis a 15 semanas de edad deben tomar de tres a cuatro siestas al día, con una o dos horas de tiempo despierto entre cada siesta.

Los bebés de cuatro a seis meses de edad necesitan tres siestas al día, con tiempos de vigilia de 1.5 a 2.5 horas entre cada siesta.

Los bebés de seis a ocho meses necesitan de dos a tres siestas al día, con dos a tres horas de tiempo despierto entre cada siesta.

Los bebés de ocho a diez meses necesitan una o dos siestas al día, con dos o tres horas entre cada siesta. Generalmente, los bebés que se despiertan muy temprano (entre las cinco y las seis de la mañana) seguirán teniendo dos sueños por más tiempo. Si duermen un poco más tarde en la mañana, pasarán a tener un sueño diario más rápidamente.

Los bebés de 10 a 12 meses y más necesitan una o dos siestas al día, con 2.5 a 3.5 horas de tiempo despierto entre cada siesta.

Después del primer cumpleaños, su bebé puede seguir durmiendo dos veces, pero muchos dormirán una sola siesta más larga después del almuerzo, y esto puede continuar hasta que tengan tres o incluso cuatro años de edad. Pero algunos niños pequeños dejan de dormir durante el día muy temprano, lo que puede ser decepcionante para los padres que dependen de ese tiempo para hacer algunas cosas y disfrutar de un poco de paz y tranquilidad. Siga leyendo para conocer algunas estrategias para tratar con bebés y niños pequeños que se niegan a dormir la siesta.

Estrategias para una siesta exitosa

Cuando su bebé es muy pequeño, las siestas ocurren sin que usted tenga que hacer mucho más que alimentarlo, acurrucarlo y tranquilizarlo para que duerma, tal vez en sus brazos o cerca de la cama.

Es posible que desee intentar que se conviertan en una rutina, pero muchos padres descubren que las siestas y los momentos en que se despiertan cambian tan rápidamente que, cuando se acostumbran a una rutina, su bebé ya no sigue el juego, como cuando se suspende la siesta de la mañana.

Una vez que estén alrededor de los seis meses, cuando estén asentados, comiendo tres comidas al día y moviéndose más, puede ser una buena idea hacer las siestas durante el día de manera más precisa para que su bebé esté despierto y ocupado de nuevo mucho antes de irse a dormir. Y, como he mencionado anteriormente, resolver su rutina diurna es esencial para un entrenamiento exitoso del sueño en la noche a esta edad.

He aquí algunas maneras clave para asegurar que las siestas sean exitosas:

Preste atención al ciclo natural de sueño de su bebé, y la duración de las siestas consecuentemente .

Busque signos de cansancio -frotarse los ojos, signos de infelicidad, puños cerrados, evitar el contacto visual- y mueva a su bebé hacia el área de descanso antes de que se moleste de verdad, alimentándolo primero para que se sienta lleno antes de dormir.

Tenga un área designada para dormir y llévelos allí una vez que estén listos para tomar una siesta. Ya hemos cubierto esto, debe ser cálido pero no sobrecalentado, debe ser oscuro, tranquilo y pacífico. Poner a su bebé a dormir en el mismo lugar en cada siesta puede funcionar bien para los bebés que "luchan contra el sueño", ya que establece fuertes asociaciones de sueño y les indica que es hora de ir a la cama.

Para las siestas diurnas, un apagón a ciegas puede ser útil para animar a su bebé a que se quede dormido, y algunos padres creen firmemente en un horario estricto de siestas (por ejemplo, a las 12 del mediodía todos los días exactamente) para asegurarse de que la siesta diurna suceda y que la hora de acostarse no se interrumpa. Como con muchas cosas, sólo usted será capaz de averiguar qué es lo que le conviene a su estilo de vida y al temperamento y patrones de sueño de su bebé.

Otros pueden quedarse dormidos en el coche y trasladarse fácilmente a un cochecito o a su propia cama. Con mi primer hijo lo dejaba dormir en el coche, luego lo trasladaba suavemente a su cochecito y lo dejaba dormir allí, para que yo pudiera ir a la biblioteca o a un café y tener algo de tiempo para mí. Esto funcionó para mí, pero no funcionará para todos los bebés y niños pequeños, que pueden tener dificultades para "trasladarse" a un cochecito o a su propia cama durante una siesta.

Elija lo que funciona para usted y su bebé - el momento en que están dormidos es un descanso bien merecido también para usted, así que lo ideal es que usted quiera que él duerma bien y durante mucho tiempo en este momento de modo que usted también tenga un descanso.

Deje que se queden dormidos - al igual que con el entrenamiento para dormir por la noche, usted a veces necesita dejar a su bebé solo por unos minutos para que realmente se duerma. Algunos bebés necesitan tiempo para relajarse y quejarse un poco antes de acostarse, así que deje que su bebé lo haga y vea qué pasa. Si su bebé se angustia, usted puede tratar de levantarlo, calmarlo, etc., y luego tratar nuevamente de acostarlo, somnoliento y relajado, pero aún despierto, para ver si se queda dormido por sí solo.

Sea consistente. Trabajar el día alrededor de las siestas de su bebé requiere cierta planificación, pero puede hacer la vida mucho más fácil. Salga cuando estén despiertos y felices, y luego esté en casa a la hora de la siesta para que duerman bien y usted tenga algo de tiempo para sí mismo. Saber cuándo necesitan dormir la siesta para poder dormir bien, pero que aún están despiertos a tiempo para su rutina nocturna y la hora de acostarse, significa que el sueño nocturno también se acomodará más fácilmente.

No deje que duerman mucho tiempo o demasiado tarde. Algunos bebés todavía están confundidos sobre la noche y el día, y dormirán demasiado tiempo durante el día, y luego estarán alerta por la noche. Trate de limitar las siestas al final de la tarde a partir de los seis meses de edad, acostando a los niños más temprano para que usted sepa que tendrán tiempo de terminar con la rutina temprano por la noche y la rutina de la hora de acostarse sin tener que volver a dejarlos en casa.

Aunque no creo en despertar a un bebé que duerme (¿por qué lo harías tú?), creo que vale la pena tomar el tiempo de las siestas para que tengas algo de consistencia cuando tu bebé esté listo para ir a la cama por la noche. Esto también asegura que su bebé duerma lo suficiente, lo cual es muy importante para su desarrollo.

¿Qué sucede si su bebé no toma una siesta?

Algunos bebés y niños pequeños pasarán por fases difíciles cuando no duermen la siesta durante el día, sin importar lo agotados y gruñones que puedan parecer. Algunas veces, esto puede significar que usted necesita mirar la hora de acostarse y moverla un poco más temprano o un poco más tarde y ver si esto ayuda. Y algunos días son más desafiantes que otros.

Si su bebé no ha tenido suficiente estimulación o ejercicio, puede resistir la siesta. En este caso , algunas actividades pueden ayudar, como nadar en una piscina climatizada, o ir a un patio de recreo o a un grupo de juegos. Mucha charla, canto y compromiso con ellos también los preparará para un buen sueño. Ser consistente, permanecer calmado y estar atento a las señales de sueño también puede ayudar. Tan pronto como su bebé parezca relajado y somnoliento, llévelo a su área de dormir y vea si se va a quedar dormido.

Además, algunos bebés y niños pequeños dejarán de dormir la siesta alrededor de un año a 15 meses, aparte de un particular sueño ligero . Esto hace que el día sea largo para los padres, pero si es lo que su bebé elige, no hay mucho que usted pueda hacer al respecto. Alentar el 'tiempo de calma ' después del almuerzo puede significar que todavía se puede tener un descanso - dejándolos en su habitación con un audiolibro, o con algunos libros y juguetes, por ejemplo. Y lo ideal es que la hora de acostarse sea antes si su bebé o niño pequeño ha estado despierto todo el día.

Las señales de que su bebé o niño pequeño está listo para hacer su siesta durante el día son generalmente que el niño simplemente se niega a dormir, incluso si usted lo pone en su cuna. Puede jugar, chillar o gritar. Y después de una semana más o menos, el padre se da cuenta de que la siesta no va a ocurrir. Puede haber una o dos semanas de comportamiento inestable y cansado, pero eventualmente usted y su hijo se adaptarán a la nueva rutina.

También puede decidir dejar de dormir durante el día si su bebé está despierto hasta las 9 de la noche y ya no tiene tiempo para usted por las noches. Usted puede elegir vivir con esto, o puede decidir dejar la siesta de día a cambio de una hora de acostarse temprano - depende de usted.

Si usted tiene un bebé que no duerme durante el día, le recomiendo que siga un programa de entrenamiento del sueño por la noche. Es posible que no pueda obligar a su bebé a dormir durante el día, pero esa es una razón más para suponer que puede dormir y dormirá bien por la noche. A menudo, solucionar el problema del sueño nocturno también puede ayudar con el sueño diurno. E incluso si no lo hacen, y su bebé o niño pequeño definitivamente ha renunciado a su siesta de día, o sólo tiene siestas breves, al menos todos están durmiendo bien por la noche.

Recuerde también que muchos de estos problemas desaparecerán en unos años y usted ni siquiera los recordará. Sus hijos estarán en la escuela, llegarán exhaustos a casa y se caerán en la cama sin demasiado drama. Así que no te desesperes demasiado si tienes un "mal sueño" - ¡no es tu culpa, y se te pasará!

Capítulo 7 - No hay problema demasiado grande

En este capítulo cubriremos las temidas regresiones del sueño que ocurren a medida que su bebé se mueve a través de los meses de la infancia y de la edad de los niños pequeños. No son tan aterradores como suenan ellos, y pasarán rápidamente. Pero hasta que lo hagan, hay algunas cosas que usted puede intentar que le harán la vida más fácil mientras tanto.

También veremos cómo trabajar para establecer buenos hábitos de sueño cuando se está criando solo. Y finalmente, cubriremos el sueño cuando tengas gemelos. En ambos casos, los padres necesitan apoyo adicional, y hay maneras de hacerlo más fácil para usted.

Comprensión de las regresiones del sueño por edad

La regresión del sueño es algo con lo que usted se encontrará unas cuantas veces a medida que su bebé avanza hacia la infancia. Es totalmente normal, y se caracteriza por el hecho de que su bebé se despierta con frecuencia cuando previamente había estado durmiendo bien. Las siestas diurnas pueden ser difíciles; puede sentir como si apenas hubiera dormido, porque ella estuvo despierta y acostada toda la noche, preocupada y llorando. Su bebé también puede parecer malhumorado, irritable y más meloso de lo normal.

Las regresiones del sueño tienden a durar de dos a seis semanas si usted tiene mala suerte. Aunque la regresión del sueño puede ser difícil, especialmente si todo ha ido bien hasta ese momento, son parte del rápido desarrollo de su bebé en este momento, y significa que están sanos, prosperando y creciendo como deberían.

Las regresiones del sueño ocurren principalmente a los cuatro, nueve, 18 y 36 meses de edad - que también son momentos en los que su bebé está cambiando rápidamente y pasando por un gran desarrollo físico y cognitivo. Una cosa que usted notará es que los bebés y los niños pequeños no cambian gradualmente - parecen iguales por un tiempo, y luego de repente pueden estar comiendo más, parecer inquietos, o durmiendo profundamente, y entonces usted encontrará que han cambiado bastante rápido, gracias a un gran crecimiento. Una de las mayores transformaciones es alrededor de los tres años, cuando su hijo se vuelve un niño muy pequeño, y esta etapa también se caracteriza por una regresión final del sueño.

Aunque no todos los bebés y niños pequeños experimentan regresiones dramáticas del sueño, la mayoría de los padres notan un cambio en los patrones de sueño alrededor de estas edades, y ayuda estar preparados para ello. Siga leyendo para obtener más información sobre las regresiones del sueño por edad.

La Regresión del Sueño de Cuatro Meses

Esta regresión del sueño es cuando los bebés cambian de su patrón recién nacido de sueño activo seguido de sueño profundo, a un nuevo patrón de ciclo a través de REM, sueño ligero y activo. Usted puede notar algún comportamiento inestable y meloso , algún mal sueño en la noche, y también un mayor enfoque por parte de su bebé - él o ella de repente parece más alerta, y más como una persona. Esta es una edad encantadora y una pequeña regresión del sueño no importará tanto cuando note que su bebé está más alegre y comprometido.

La Regresión del Sueño de Nueve Meses

La regresión a los nueve meses ocurre más o menos en el mismo momento en que su bebé desarrolla la "permanencia de objetos", que es el entendimiento de que alguien o algo aún existe, incluso si su bebé no puede verlos. Esto también puede causar un poco de ansiedad por la separación, por lo que su bebé, que antes era feliz, ahora llorará cuando usted vaya a la ducha, por ejemplo. Incluso si has entrenado con éxito a tu bebé para que duerma alrededor de los seis meses, ahora se despertará y se dará cuenta de que no estás allí y comenzará a llorar, queriendo que estés cerca de ella.

Hágale saber que usted está saliendo de la habitación y que regresará, en lugar de desaparecer repentinamente. Esto le facilitará las cosas y le ayudará a entender que cuando usted se va, siempre regresa. Esto también puede hacer que la ansiedad por la separación durante la noche sea menos problemática.

Alrededor de esta época, los bebés también tienen un importante crecimiento acelerado a medida que avanzan hacia la infancia. Comenzarán a pararse, gatear y moverse. Usted puede notar que su bebé practica estas habilidades en un estado de semisueño, lo cual obviamente interfiere con la hora de acostarse. Tenga la seguridad de que se le pasará! Y una vez que estén en movimiento, también dormirán mejor por la noche.

La Regresión del Sueño de 18 Meses

Este es otro período de cambios rápidos para su niño pequeño - él o ella se está volviendo más independiente y está empezando a pensar en cómo se relaciona más con los demás. Con una nueva conciencia social y emocional viene el aumento de la ansiedad y tal vez la interrupción del sueño.

La Regresión del Sueño de 36 Meses

Al igual que la regresión a los 18 meses, este período en la vida de su hijo se caracteriza por un gran salto en el desarrollo y el crecimiento, tanto emocional como físico. Es posible que su hijo pequeño esté comenzando el preescolar, y también es probable que hable mucho, se mueva mucho y pase más tiempo con otros niños. Las nuevas emociones, como los celos, también pueden tomar tiempo para superarlas, sobre todo porque a menudo es el momento en que aparece un nuevo hermano en la escena.

Los niños pequeños también están aprendiendo mucho en este momento, lo que puede dificultar que se acomoden para dormir. El mundo que los rodea se vuelve fascinante - todo, desde las hojas hasta las lombrices y el agua, es una fuente de información constante, y también se oye mucho la palabra "por qué". Los sueños y la imaginación están despegando, junto con los miedos tanto racionales como irracionales.

Todos estos factores pueden aumentar la ansiedad y llevar a algunas noches inestables hasta que su hijo se asiente en su nuevo "yo".

Cómo lidiar con las regresiones del sueño

Si su bebé es muy pequeño, usted tendrá que proporcionarle seguridad adicional y abrazos hasta que pase la regresión del sueño. Cuide de sus propias necesidades, también, hasta que su bebé esté más asentado, y duerma más y descanse según sea necesario, de la misma manera que usted lo hizo cuando su bebé era un recién nacido.

Si usted ya ha sido entrenada para dormir alrededor de los seis meses, trate de no abandonar todo lo que su bebé ha aprendido. En el mejor de los casos, usted proporcionará cuidados adicionales y calmantes según sea necesario, sin moverlos a la cama de usted o sin renunciar a dejar que su bebé se quede dormido solo permanentemente. Aunque no lo parezca en ese momento, las regresiones del sueño pasan.

Permanecer en la habitación un poco más puede ser todo lo que necesita hacer para ayudar a su bebé en esta etapa.

Si usted termina durmiendo o abrazando a su bebé para que se duerma por un tiempo, es posible que tenga que hacer un poco de entrenamiento para dormir de nuevo una vez que la regresión haya terminado - vea cómo le va a usted . Algunas caricias en la barriga o en la cabeza, con algunos sonidos relajantes y su presencia, pueden ser todo lo que se requiere, manteniendo la rutina de acostar a su bebé somnoliento, pero despierto.

Como siempre, mantenga el área de dormir oscura y silenciosa, para darle a su bebé el mensaje claro de que es hora de dormir. Ahora es un buen momento para demostrar, una vez más, que las noches también son un poco aburridas - apague todas las pantallas y asegúrese de que no ocurra nada demasiado interesante en su casa a la hora de acostarse.

Algunas veces, controlar a su bebé durante la noche y mimarlos y darles un beso puede tranquilizarlo, previniendo que se sienta más molesto más tarde.

Para las regresiones del sueño en bebés mayores y niños pequeños, asegúrese también de que tengan suficiente tiempo durante el día para practicar nuevas habilidades, como las de motricidad gruesa. Organice una "carrera de obstáculos" en su casa para que puedan gatear y escalar, o llévelos a un centro de juegos para bebés y déjelos que exploren un poco. Darles muchas oportunidades para que trabajen en nuevas habilidades y se desgasten durante el día puede marcar una gran diferencia en sus noches.

También necesitará ofrecer más apoyo emocional durante el día. Ella se siente más aventurera e independiente, pero esto también puede provocar cierta ansiedad. Una atención extra, muchos abrazos y un tiempo agradable con libros y una manta harán una gran diferencia. Dele la oportunidad de descargar toda esa emoción con risas, juegos e incluso algunas lágrimas mientras usted la sostiene y la calma - ella estará mucho más feliz después de un buen llanto.

Lo principal que hay que recordar es que su bebé necesitará un poco más de apoyo en este momento, y cuanto más pueda ofrecerle, más fácil y sin problemas será la regresión del sueño.

Si tiene dudas, busque ayuda

Como siempre, si sus instintos le molestan, consulte a su pediatra si siente que la regresión del sueño dura demasiado tiempo, o si su hijo parece estar realmente angustiado. Hablar con su médico descartará cualquier problema mayor y le ayudará a mantener su mente tranquila.

Cuídese a sí mismo

Si se siente agotado por la regresión del sueño de su hijo, asegúrese de cancelar cualquier compromiso innecesario y dormir un poco más. Como siempre, usted necesita satisfacerse como padre antes de que pueda ocuparse de las necesidades de su hijo adecuadamente. Así que come bien, madruga un poco y pronto se te pasará.

6 estrategias de sueño que los padres solteros deben saber

Si usted está criando a un bebé solo, primero que todo sepa que mi corazón está con usted! Siga leyendo para conocer algunas estrategias para ayudar a los padres solteros a sobrellevar esas primeras semanas con un recién nacido, y los tiempos que siguen.

Llamada de ayuda

Si puede, llame a su familia o amigos para que le ayuden a superar los primeros meses con su bebé. El hecho de que alguien te quite al bebé por unas horas para que puedas dormir un poco más en las mañanas hará una gran diferencia en tus niveles de energía. Si puede permitírselo, una enfermera de noche también será invaluable para ayudarle en la etapa del recién nacido. O incluso alguien que pueda entrar durante el día y sostener al bebé por unas horas, o caminar alrededor de la cuadra, mientras usted descansa o simplemente mira fijamente al espacio.

Reúna una red de apoyo

Si usted es un padre soltero, tendrá momentos en los que se las arreglará bien, y momentos en los que necesitará un poco de ayuda extra, por ejemplo, cuando se enferme. Trabaje en la construcción de una red de apoyo local confiable dentro de su comunidad para que pueda llamar a alguien cuando tenga una mala semana y devolverle el favor cuando necesite ayuda de usted. Únase a grupos comunitarios en línea, vaya a grupos de madres y pregunte en su centro de salud infantil local qué tipo de apoyo está disponible para los padres solteros en su área. Si tienes espacio, una au pair o un estudiante que puede ayudar un poco a cambio de alojamiento es otra opción que puede funcionar para ti.

Duerma cuando su bebé duerme

Es más fácil decirlo que hacerlo, lo sé, especialmente cuando tienes muchas otras cosas que hacer en tu tiempo libre. Pero vale la pena hacerlo por tu salud y tus niveles de energía. Si no quieres dormir cada vez que haces una siesta , hazlo cuando puedas. O una o dos veces por semana, acuéstese en la noche cuando su bebé lo haga, para que pueda ponerse al día con el sueño de esa manera.

Si le resulta difícil dormir durante el día, por lo menos intente disfrutar de su tiempo libre cuando pueda. En lugar de hacer las tareas domésticas, llame a un amigo, tome un baño relajante o lea un libro con una taza de té, haga lo que necesite para relajarse.

Considere si el dormir en pareja podría funcionar para usted

Como hemos discutido en capítulos anteriores, el dormir en compañía puede funcionar con bebés melosos a los que no les gusta estar separados de sus padres. Si usted piensa que esto es una buena idea, trate de poner una cuna al lado de su cama con un lado abierto para que su bebé tenga un lugar seguro para dormir, pero aun así que esté cerca de usted. Esto hará que las alimentaciones nocturnas y las vigilias sean mucho más fáciles cuando usted no tiene un respiro o tiene a alguien más para compartir las alimentaciones nocturnas.

Conozca a otros padres solteros

Pronto encontrarás a otras personas en la misma posición que tú, que pueden simpatizar con los desafíos de la crianza en solitario. Encuentra grupos en línea o en la vida real donde puedes reírte y hablar y compartir consejos sin juzgar. Usted no está solo - ¡sólo necesita encontrar su comunidad! Lo bueno de las comunidades en línea para los padres es que son globales, así que siempre hay alguien con quien hablar, incluso en medio de la noche.

Esté consciente de su salud mental

La crianza de los hijos por parte de un solo padre es un trabajo difícil a veces, por lo que es importante estar atento a su propia salud y bienestar. Conozca los signos de la depresión posparto y manténgase en contacto regular con su médico de familia. Siempre busque ayuda si se encuentra luchando. Mantenga una lista de números de teléfono de las líneas telefónicas de ayuda para padres y servicios de salud cerca de usted para que siempre pueda obtener apoyo, en caso de que lo necesite.

Trabajando en el sueño de su bebé como padre o madre soltera

Mucho de lo que ya hemos cubierto sigue siendo lo mismo cuando se está criando solo. Pero aquí hay algunos consejos para ayudarle con el sueño de su bebé que son realistas y le harán la vida mucho más fácil.

- Una rutina sencilla y manejable a la hora de acostarse le ayudará a sentirse en control. Aunque esto es útil para todos los padres, creo que es particularmente importante para los padres solteros que encontrarán que la rutina evita que se sientan abrumados - y por supuesto es genial que los padres solteros tengan tiempo para ellos mismos por las tardes, así que no se sientan mal por poner a su bebé a dormir temprano y entrenarlo a los seis meses, ¡si es que lo necesitan!

- Pase la noche con un pariente o amigo que pueda darle un respiro de los despertares de la madrugada. Lo ideal es que sea alguien que ayude con algunas tareas domésticas livianas, que se levante temprano o en la noche y que brinde apoyo emocional. Un día, le devolverás el favor, ¡así que acepta toda la ayuda que te ofrezcan! Es importante preguntar, ya que a veces la gente no sabe realmente lo que usted necesita. Y una vez más, busque cualquier servicio de apoyo que se ofrezca dentro de su comunidad también.

Dos bebés, muchas soluciones

Si usted tiene gemelos, tal vez se pregunte si realmente puede probar el entrenamiento del sueño. Después de todo, si es difícil hacer que un bebé se duerma, ¿cómo se las arreglará con dos? Al igual que con la crianza en solitario, es posible que al establecer y seguir una rutina establecida le resulte más fácil manejar esta responsabilidad adicional. Y una vez más, no tenga miedo de pedir ayuda, incluso de los servicios locales establecidos para apoyar a las familias con gemelos y más niños. Además, anímese. Si bien enseñar a dos bebés a dormir puede parecer mucho más difícil, usted puede y llegará allí. Estos son algunos consejos, que a menudo provienen de padres que han criado gemelos ellos mismos.

Fije la misma hora de acostarse para ambos

Lo que usted quiere hacer aquí es sincronizar los ciclos de sueño de sus bebés para que estén despiertos y dormidos más o menos a la misma hora. De lo contrario, uno u otro siempre estará despierto y pronto se agotará. Afortunadamente, los gemelos están naturalmente en sintonía unos con otros, así que aquí usted puede trabajar con su inclinación natural a estar cerca. Los principios aquí son muy parecidos a los del entrenamiento del sueño de los bebés solteros.

Siempre arregle primero al bebé más tranquilo

Usted probablemente ya sabe esto, pero si no, siempre trabaje primero con su bebé más tranquilo, para que le permita un tiempo ininterrumpido con el quisquilloso un poco más tarde. Esto significará que su bebé calmado obtendrá su atención y con suerte se quede dormido, y por lo tanto no pierde la atención que necesita.

Si uno empieza a quejarse, primero verifique que el que es tranquilo esté contento , y luego lidie con el que es quisquilloso . Esto ayudará a ambos bebés a sentirse amados y felices. Y no se asuste si uno empieza a gritar - a menudo, los gemelos no se molestan por el llanto del otro, incluso si están en la misma habitación.

Ponga a sus gemelos a ser cuando estén despiertos, pero somnolientos

Aquí de nuevo, usted puede comenzar un poco de entrenamiento de sueño simple, incluso cuando sus gemelos son bastante pequeños, poniéndolos en su espacio de sueño seguro cuando aún están despiertos. Con un poco de suerte, se quedarán dormidos, dejándote con el tiempo a solas que tanto necesitas. Usted no podrá mecer a dos bebés para dormir por mucho tiempo, así que acostar a sus bebés va a ser una decisión que se toma por usted, hasta cierto punto. Todavía puedes darles abrazos mientras están despiertos, tal vez un par de libros de cartón y una canción de cuna, y pronto aprenderán a dejarse acostar por sí mismos , en su propia cama. Lo ideal es que su pareja esté presente para ayudar a la hora de acostarlos en los primeros meses.

Trate de envolver a sus bebés en pañales

Los pañales pueden funcionar bien para todos los bebés, pero son particularmente útiles cuando funcionan para los gemelos (digo cuándo, porque no a todos los bebés les gusta que los envuelvan en pañales). Hace que los bebés se sientan seguros, "sostenidos" y listos para dormir, y después de todo, ¡están acostumbrados a estar muy apretados en un espacio pequeño! Usted necesitará parar alrededor de los dos meses de la edad, pero en este punto usted puede cambiar a los bolsos de dormir con cremallera para el bebé para la misma asociación del sueño y una sensación segura.

Mantenga las noches aburridas y tranquilas

Como con todos los bebés, usted quiere disuadirlos de ver la noche como algo que no sea una hora para dormir. Durante el día, acurrúquese y hable con ellos todo lo que quiera. Pero mantenga las interacciones nocturnas, la luz, los abrazos y las charlas al mínimo, para que tengan claro que las noches no son tiempo de juego. Esto es importante con todos los bebés, pero particularmente importante con los gemelos, cuando usted tiene dos bebés que atender, no sólo uno. A los gemelos también les puede gustar un juguete de peluche o algún objeto cómodo para agarrarse por la noche cerca al año de edad.

Las persianas apagadas, los CDs de canciones de cuna y las máquinas de ruido blanco son otra cosa que los padres de mellizos pueden encontrar muy útil cuando consiguen que dos bebés se duerman. Utiliza todo lo que puedas encontrar, y será mucho más fácil!

Acepte que sus gemelos pueden tener diferentes necesidades de sueño

Si usted se da cuenta de que sus gemelos duermen de manera diferente, lo cual es común, es posible que necesite tratarlos de manera diferente. Algunos padres ponen a sus gemelos en habitaciones separadas, ya que uno duerme mejor que el otro. Como con todos los aspectos de la crianza de los hijos, siempre y cuando sea seguro, esto depende de ti. Un despertar siempre es mejor que dos, ¡así que lo que sea que funcione!

Es posible que tenga que separarlos en habitaciones separadas para dormir de corrido alrededor de los seis meses, y luego volver a ponerlos en la misma habitación una vez que haya logrado esto y que estén durmiendo bien de nuevo. O puede hacer que duerman todas las noches en habitaciones separadas y luego trasladarlas a una habitación más tarde en la noche, como usted desee. Cuanto antes los haga dormir de una manera que funcione para usted a largo plazo, mejor para su familia en su conjunto. Como siempre, no seas tan duro contigo mismo y pide ayuda cuando la necesites.

Con las siestas diurnas, puede ser que necesite calmar a uno para dormir primero, y luego al otro, de modo que uno se despierte alrededor de 20 minutos antes que el otro. Esto es parte de la vida con los bebés gemelos - hasta cierto punto es necesario ser flexible y dejar de lado las expectativas. Sólo necesitas hacer todo, un bebé a la vez, y ser paciente. Será más fácil!

Establezca un horario de sueño

Más que con un bebé, con los gemelos es absolutamente crítico que los padres estén durmiendo lo suficiente. No debería ser una persona que se levanta para hacer todas las vigilias nocturnas, deberían ser ambas. Establecer un calendario o un horario ayudará a asegurar que nadie se vea privado de sueño. Obviamente, deberás tener en cuenta las necesidades de tu propia familia y los compromisos laborales.

Pida ayuda

Si puede permitírselo, consiga ayuda, especialmente en los primeros días. Una enfermera de noche, una limpiadora, incluso alguien que cocine unas cuantas comidas sanas - lo que sea necesario para que puedas salir adelante. Una au pair que vive en casa es otra opción que puede funcionar bien.

Los foros en línea sobre la crianza de los hijos específicamente para gemelos son otra fuente invaluable de consejos y apoyo, al igual que las asociaciones de nacimientos múltiples, por lo que debe participar en todos ellos tan pronto como sepa que está esperando gemelos.

Agilice todo

Haga todo lo que pueda por adelantado - por ejemplo, biberones esterilizados, pañales almacenados, sacos de dormir colocados antes de sacar a cada bebé de la bañera por la noche. Plan de comidas, tienda online semanal, reciba ayuda regularmente... ¡Cualquier cosa que sea necesario para simplificar tu vida! Y asegúrate de programar algo de tiempo para ti también - cuando estés criando gemelos, esto no es un lujo, es esencial.

Capítulo 8 - Cómo completar su kit de herramientas sin necesidad de usar nada de dinero

En nuestro capítulo final, analizaremos algunos problemas comunes que surgen con los bebés y cómo puede resolverlos. Éstos incluyen cómo calmar a un bebé que llora, dándole muchas pistas y estrategias. También analizaremos el cólico: qué es, qué ayuda y cómo puede ayudar a su bebé a superarlo. Y finalmente, veremos cómo puede ayudar a su bebé a dormir mejor cuando no se siente bien.

Cómo calmar a un bebé que llora

Aprender a calmar a un bebé que llora es algo que se aprende en el camino , y cuando se tiene un bebé que llora mucho, puede ser muy difícil para un nuevo padre. Usted puede preguntarse qué le pasa a su bebé, o piensa que usted va a perder el control y hacerle daño, o que no se está conectando con su bebé. Recuerdo haber temido, siendo una madre muy reciente, que mi bebé me tuviera miedo y por eso estaba llorando! Se puede sentir como un rechazo, pero realmente no lo es. Es simplemente tu bebé acostumbrándose a estar en el mundo. Una vez que usted establezca algunas rutinas básicas de alimentación y sueño, y su bebé sea un poco más grande, todo será mucho más fácil.

Mientras tanto, aprender algunas técnicas para calmar a un bebé que llora le ayudará a superar los días malos. En primer lugar, veamos por qué los bebés lloran tanto, ya que este conocimiento puede ayudar a los padres a sentirse mejor capacitados para manejarlo y no sentirse abrumados.

Entonces, ¿por qué lloran tanto los bebés?

Todos los bebés lloran. Pero en realidad, nadie puede decir con seguridad por qué exactamente los bebés lo hacen. Puede tener que ver con el hambre, o dolores de estómago, o cansancio excesivo. No pueden hablar, así que no pueden decirnos exactamente cuál es el problema, desafortunadamente. El llanto es su forma de ganar nuestra atención y enfoque, que necesitan para sobrevivir cuando son tan pequeños e indefensos. Pero con el tiempo, aprenderás a reconocer algunos de los patrones de llanto únicos de tu bebé y lo que significan, y entonces podrás satisfacer sus necesidades para que el llanto se detenga pronto.

Y de hecho, es importante recordar que un bebé sano debe llorar y llorará regularmente. Si su bebé nunca llora, debe consultar a su médico de familia.

Algunas razones comunes para llorar incluyen:

- Cansancio y sobreestimulación; necesidad de dormir
- Necesitar un nuevo pañal
- Sentirse hambriento
- Cólicos, reflujo o intolerancias alimentarias
- Dolor o enfermedad
- Gas
- Miedo o un ruido fuerte y repentino puede llevar al llanto
- Sin razón aparente

Como padre, puede ser difícil lidiar con un bebé que llora durante horas y horas, especialmente cuando usted también está cansado y emotivo . Pero una cierta cantidad de llanto es completamente normal para todos los bebés, y algunos lloran mucho más que otros.

Lo que usted debe tener en cuenta, también, es que el llanto excesivo puede ser muy duro para usted como padre, especialmente si usted es alguien que tiende a ser muy duro consigo mismo. Usted puede sentir que "debería" ser capaz de lidiar con su bebé y que está haciendo algo malo si no puede hacerlo parar de llorar. Pero de hecho, simplemente estando allí, sosteniendo a su bebé y haciéndole saber que usted está allí, usted está haciendo todo bien. Los primeros días y semanas en los que puede haber mucho llanto pronto pasarán y, mientras tanto, sólo tienes que ir con cuidado y descansar lo más que puedas. El llanto inexplicable se acumula desde el nacimiento, tiende a alcanzar su punto máximo a las seis semanas de edad y disminuye a los tres meses. Marque su calendario y espere con ansias esa fecha mágica en la que el llanto se detenga - llegará.

Dicho esto, si su bebé parece tener dolor, o si usted siente que algo anda mal, siempre busque ayuda médica. Confía en tus instintos.

Patrones de llanto del bebé por edad

Del nacimiento a las tres semanas: A esta edad, muchos bebés duermen mucho y lloran sólo por períodos cortos de tiempo, generalmente debido al hambre o al cansancio.

De tres a doce semanas: En este punto, los bebés tienden a llorar más y a dormir menos. Puede haber algunos períodos de llanto debido al hambre o al cansancio excesivo, que se resuelven fácilmente con el sueño, una comida o algún calmante suave. Y puede haber algunos períodos de llanto inexplicable en los que nada parece ayudar. Para algunos bebés, hay mucho llanto, sin razón aparente, que dura unos meses, a menudo hasta los tres o seis meses de edad. Lamentablemente, esto ocurre con alrededor del 20 por ciento de los bebés. A los seis meses, la mayoría de los bebés son mucho más felices y están más asentados en el mundo.

A menudo el diagnóstico es "cólico", que es una especie de término comodín para el llanto desestabilizado y el aparente dolor de estómago que muchos bebés parecen mostrar cuando lloran mucho, se retuercen y aúllan después de alimentarse. A menudo, puede haber más llanto en la noche, que puede durar un par de horas antes de que el sueño descienda. Y a veces puede haber un mal día cuando se siente como si su bebé no hiciera más que llorar.

Aquí hay algunos remedios efectivos para el cólico que usted puede encontrar útiles. No hay tratamientos comprobados para el cólico, porque las causas pueden ser muy difíciles de determinar en bebés individuales, sobre todo porque son muy jóvenes y cambian tan rápidamente. Pero usted puede tratar de aprender de su incomodidad y angustia para que el episodio pase más rápidamente, y al probar diferentes cosas usted puede ser capaz de determinar qué es lo que les está causando hasta cierto punto.

5 Remedios Efectivos para el Cólico

Acueste a su bebé boca abajo

Usted puede hacer esto a través de su regazo, en el piso sobre una alfombra, o más erguido a lo largo de su pecho. También puede frotar suavemente su espalda, lo que podría ayudar con cualquier molestia digestiva. El tiempo boca arriba también ayudará a fortalecer los músculos del cuello y de los hombros, pero sólo debe hacerlo cuando su bebé esté despierto y usted esté allí para vigilarlo.

Trabaje sobre el buen sueño

Por supuesto que yo diría esto! Pero es verdad - la clave para resolver muchos de los problemas de comportamiento de su bebé es dormir bien. Y los bebés muy pequeños tienen una dificultad añadida en el sentido de que les resulta difícil "quedarse quietos" lo suficiente como para dormir, a menudo despertándose cuando se caen. Envolver, mecer e incluso "cargar" a su bebé en una pieza de ropa portabebés son formas de mantenerlo lo suficientemente quieto para aliviar su angustia y dejar que se duerma. Otro truco es caminar por el piso con su bebé - envuélvalos o póngalos en un cabestrillo, y que sienta el ritmo hacia arriba y hacia abajo hasta que se adormezca. Si usted sabe que están bien alimentados y que no hay ningún problema de salud subyacente, está bien que usted use auriculares que pueden bloquear el llanto hasta que se duerman.

Otro problema es, por supuesto, que los bebés sólo pueden mantenerse alejados durante un corto período de tiempo antes de que se pongan gruñones e inquietos, y luego necesitan calmarse lo suficiente como para quedarse dormidos, ¡pero están llorando demasiado para poder manejar esto! Esto es algo que aprenderán a hacer con el tiempo, y mientras tanto necesitan su paciencia y apoyo.

Introducir un chupete

Usted puede encontrar que su bebé es mucho más feliz y capaz de calmarse con un chupete. Sí, usted necesitará deshacerse de él en algún momento, pero muchos padres encuentran que les da un alivio muy necesario del llanto.

Dar un baño caliente antes de acostarlo

Un baño largo y tibio a menudo calma al bebé que llora - el agua, los sonidos y las manos relajantes que los sostienen ayudarán a calmar el comportamiento de los cólicos y las irritaciones. Un masaje en una habitación oscura y cálida con un aceite perfumado, algunos abrazos y un suave ruido blanco también pueden ayudar a calmar a un bebé con cólicos.

Manipulación cuidadosa

Cuando su bebé esté muy infeliz y tenga cólicos, asegúrese de manejarlo con movimientos firmes y constantes, sin sacudidas ni palmaditas en la espalda. Los movimientos bruscos alarmarán a su bebé y le causarán más gritos y molestias. Otra razón por la que los bebés pequeños se molestan es cuando son cargados por muchas personas diferentes. A veces, si su bebé se siente sobre estimulado, retirarse a una habitación oscura y silenciosa puede ayudar. Lo que necesitan más que nada es un ambiente tranquilo y seguro contigo. Acaban de llegar al mundo, después de todo, y puede ser aterrador.

Curiosamente, algunos padres informan que sostener a su bebé mucho durante el día da lugar a tardes más fáciles. A los bebés les encanta que los carguen, los acunen y los coloquen cerca de usted, así que si los dejan en su cochecito todo el día pueden "cobrarle una factura" más tarde y exigirle unas horas de su atención íntegra por la noche. Si descubre que tiene un bebé muy meloso y con cólicos, un fular portabebés puede ayudarle a hacer algunas cosas sin tener que quitarse a su bebé de encima.

Un punto importante: Esta necesidad de atención nunca desaparece realmente - sus hijos siempre querrán su atención, y adelantarse a esta necesidad con mucha atención amorosa evitará que intenten ganarla actuando, o dándose por vencidos y "buscando amor en todos los lugares equivocados" más adelante.

Maneje su propio bienestar con un bebé con cólicos

Cuando se trata de bebés con cólicos, también es útil controlar esta fase (que no durará mucho tiempo, pero que puede parecer que va a durar para siempre) cuidándose bien. Pida apoyo y ayuda a las personas en las que confía, que no harán comentarios sobre su bebé aullador, y acepte cualquier alimento, ofertas de cuidado de niños o ayuda con la limpieza que se le presente.

- ¿Tienes a alguien que pueda venir y sostener al bebé por un tiempo para que puedas ducharte y tener tiempo para ti misma?
- ¿Puede conseguir una limpiadora u otro tipo de ayuda con las tareas domésticas para no tener que vivir en un lío, que puede ser muy estresante?
- ¿Puedes ponerte unos auriculares y dejar que el bebé llore un rato en su cama mientras tú te tomas un descanso? Un bebé sano puede ser abandonado para llorar durante breves períodos de tiempo de forma bastante segura, e incluso puede quedarse dormido si se le deja solo.
- Cuídate a ti mismo. Un bebé que llora puede ser agotador, así que como siempre, dale prioridad a tu propio bienestar y te sentirás más capaz de lidiar con tu bebé. Coma bien, descanse lo suficiente y evite el alcohol y el tabaco, y se sentirá mejor preparado para enfrentar esta etapa de su vida.

¿Es un problema médico?

Nadie lo sabe realmente. Algunos bebés pueden sufrir de reflujo u otras molestias estomacales o ser particularmente sensibles a una fórmula de leche en particular, o algo que su madre ha comido si son amamantados. Algunas madres pueden intentar eliminar ciertos alimentos, como los chiles, la comida picante, el café, el ajo o los productos lácteos; no hay nada malo en intentarlo y ver lo que sucede.

Cómo ayudar a un bebé enfermo a dormir tranquilo

Otro aspecto de vivir con un bebé al que tendrá que acostumbrarse es a las enfermedades ocasionales, al menos hasta que su sistema inmunológico se haya desarrollado un poco. El primer año de la guardería también puede ser duro, ya que su bebé traerá a casa muchos bichos y gérmenes a los que no ha estado expuesto antes. La falta de higiene y la tendencia para explorar y meterse los dedos en la boca también lleva a que se compartan muchos gérmenes no tan agradables. Usted podría notar dolores de oído (muchos gritos y golpes en la cabeza), resfriados, congestión nasal, fiebre y malestar estomacal.

Por supuesto, la mayoría de las enfermedades graves pueden prevenirse mediante la inmunización, pero los enfriamientos y resfriados seguirán apareciendo, y también pueden llevar a algunas noches interrumpidas , por desgracia. A menudo, un bebé enfermo sentirá dolor y le será imposible dormir. Sin embargo, el sueño es exactamente lo que necesitan para combatir la enfermedad y recuperarse. Lo que usted necesita hacer es disminuir su incomodidad hasta el punto de que puedan dormir profundamente sin que los dolores y molestias los despierten a ellos (y a usted).

Estas son algunas maneras en las que puede ayudar a su bebé o niño pequeño a dormir bien cuando están enfermos:

- Use un humidificador. Esto facilitará las dificultades respiratorias y reducirá la posibilidad de que su bebé se despierte debido a la congestión.

- Use un analgésico de venta libre para los niños. Hable con su farmacéutico acerca de cuál es el mejor para usar y siga las instrucciones para las dosis correctas muy cuidadosamente. Algunos bebés y niños pequeños tragarán con gusto un tratamiento líquido, otros pueden necesitar un supositorio. Nunca le dé más de la dosis recomendada - anote cuánto le ha dado y cuándo.

- Permita siestas adicionales durante el día para compensar la falta de sueño durante la noche. Mecerse, abrazarse y prestar atención adicional también ayudará a que su bebé se sienta mejor, ya que la enfermedad puede hacer que se sienta fastidiado y pegajoso. En la misma nota, comience la rutina de la hora de acostarse un poco antes y asegúrese de que su bebé no se enfríe cuando lo bañe - mantenga una toalla en el baño y vístalo allí de inmediato para evitar escalofríos, y haga que el agua esté agradable y húmeda para ayudar a despejar su nariz. A veces, sentarse en un baño con vapor también puede ayudar.

- Un masaje de vapor en su pecho puede facilitar la respiración y también le hace sentir bien. Usted puede hacer el suyo propio mezclando cuatro cucharaditas de cera de abeja rallada con tres cucharadas de manteca de cacao o de karité, siete cucharadas de aceite de coco y 30 gotas de aceite esencial - diez gotas de aceite de eucalipto, diez gotas de aceite de árbol de té, cinco gotas de aceite de lavanda y cinco gotas de aceite de manzanilla es una mezcla encantadora que limpiará una nariz tapada y promoverá el sueño.

- Las gotas nasales con solución salina, disponibles en la farmacia, pueden ayudar a despejar una nariz tapada, aunque su bebé puede quejarse mucho .

- Apoyar ligeramente el colchón de su bebé, colocando una almohada debajo del colchón, también ayudará a aliviar la congestión nasal y el dolor de una infección de oído. Sólo haga esto con los bebés de seis meses de edad y mayores.

- Mantenga a su bebé hidratado, ya sea con leche materna o biberones adicionales, según sea necesario. Los bebés mayores pueden preferir jugo o leche diluidos, lo que sea que los mantenga bebiendo líquido.

- Si su bebé vomita en la cama, límpielo lo más rápido y con calma que pueda , manteniendo las luces bajas si es posible. También le puede gustar a usted limpiarle un poco la boca para deshacerse del mal sabor.

- El contacto extra piel a piel es muy bueno para los bebés enfermos y se ha comprobado que acelera la recuperación. Sostenga a su bebé contra su piel y recuerde que pronto se sentirá mejor.

Una vez que la enfermedad pasó

Es posible que tenga que trabajar un poco para volver a su vieja rutina de sueño, pero no deje que todo su progreso se vea afectado por un solo ataque de enfermedad. Una vez que su bebé se sienta mejor, vuelva a dejar que se duerma en su cuna, incluso si usted lo ha estado acurrucando para que duerma durante su enfermedad. Los bebés aprenden velozmente y usted debe ser capaz de volver a la normalidad rápidamente siempre y cuando mantenga la calma y la constancia.

Prevenir otra enfermedad

Mientras que la enfermedad es simplemente parte de la niñez, y algo que usted tiene que aceptar hasta cierto punto, usted también quiere prevenir que su hijo contraiga una enfermedad grave que afectará su desarrollo. He aquí algunos consejos para evitar que la enfermedad se manifieste con demasiada frecuencia:

- Primero y más importante, inmunice a su hijo de acuerdo con su calendario . Esta es la mejor y a veces la única manera de prevenir enfermedades infantiles graves como el sarampión, las paperas y la rubéola.

- Asegúrese de vivir en una casa libre de humo y evite las áreas llenas de humo para mantener los pulmones de sus hijos limpios.

- Siempre lávese las manos cuando llegue a casa desde cualquier lugar. Con el tiempo, su hijo lo observará y se convertirá en un alguien que se lava bien las manos por sí solo. Proporcione un taburete en el baño para que su hijo pueda acceder fácilmente al agua y al jabón.

- Lave las toallas, sábanas y toda la ropa de cama con frecuencia.

- Evite compartir tazas, cubiertos, etc.

- La lactancia materna durante los primeros 12 meses es una excelente manera de transmitir su propia inmunidad a los gérmenes que usted encuentra.

- Coma muchas frutas y verduras frescas para aumentar la inmunidad. Una vez que su bebé esté pasando a los sólidos, asegúrese de que su dieta también esté llena de vitaminas.

- Si su hijo está enfermo, no vaya a citas de juegos, patios de recreo o lugares públicos como bibliotecas. Quédese en casa hasta que pase y no esparza los gérmenes.

- Recuerde que las enfermedades infantiles son normales y forman parte del sistema inmunológico de su bebé que se está creando, ya pasarán.

Un último punto: A veces, los problemas de sueño pueden parecer insuperables. Digamos que ha leído todo este libro, que ha probado todo lo que le he recomendado y que su bebé todavía no duerme bien. Como he dicho en todo momento, esto cambiará con el tiempo. Pero si usted se siente continuamente preocupada y estresada por la falta de sueño de su bebé, y el impacto que está teniendo en su salud, no tenga miedo de buscar ayuda de un experto en salud infantil, como su médico de familia.

Ocasionalmente, los problemas de sueño pueden indicar problemas más amplios dentro de la familia, o incluso la depresión postnatal, y usted tendrá que lidiar con estos problemas antes de abordar el tema del sueño. Si esto es cierto para usted, y le ha resultado imposible poner en práctica un método de entrenamiento del sueño, entonces quizás necesite buscar más ayuda. Está ahí si la necesita.

Pero en general, como todo lo que tiene que ver con los bebés y los niños pequeños, siempre y cuando haya lo básico -mucho amor, paciencia, apoyo para los padres y comprensión del comportamiento de los bebés y los niños pequeños-, el sueño debería encajar en su lugar, si no de inmediato, entonces eventualmente. Mientras tanto, cuídese en todo momento, porque como padre, su pequeño depende completamente de usted, y su salud y bienestar es la base de una vida familiar estable y próspera.

Conclusión

Espero que este libro le haya dado mucho con lo que trabajar, y ahora se siente listo para manejar los problemas de sueño de su bebé y para intentar entrenar el sueño si cree que es la mejor opción para su familia. Como puede ver, no hay soluciones perfectas cuando se trata del sueño de bebés y niños pequeños, y he tratado en todo momento de enfatizar que esta es una etapa que pasará, y como padres ustedes están bien equipados para encontrar sus propias maneras de manejarse. Algunos niños pequeños y bebés duermen mejor que otros - a menudo es cuestión de suerte, pero usted puede mejorar las cosas con algo de trabajo y planificación.

Primero vimos los patrones de sueño por edad, y lo que es normal para cada etapa. Esto es estupendo para ayudarle a ver que lo que puede parecer un problema es totalmente normal y pasará con el tiempo. También estudiamos cómo crear un espacio seguro para que su bebé duerma, lo cual es más importante que cualquier otra cosa. Aquí también cubrimos las ayudas para dormir, como monitores, luces nocturnas, persianas de apagón y máquinas de ruido blanco, y cuándo pueden ser una buena idea.

A continuación cubrimos las asociaciones del sueño - qué son y cómo crearlas. Y nos fijamos en una rutina básica que se puede poner en práctica para ayudar a dormir bien, tanto de día como de noche. Como siempre, un día ajetreado y una rutina estructurada, amorosa y divertida es ideal para crear las condiciones adecuadas para un sueño nocturno tranquilo.

En el capítulo tres, analizamos los problemas de sueño por edad, tanto comunes como menos comunes, y luego pasamos al entrenamiento del sueño en el capítulo cuatro, y cómo elegir el método adecuado para su bebé. También hablamos de consejos para el éxito y de cómo puede decidir que es el momento adecuado para el entrenamiento del sueño, por ejemplo, si está volviendo al trabajo o si simplemente se siente agotado y quiere abordar un poco los problemas de sueño.

También analizamos por qué seis meses es el momento perfecto para intentar por primera vez el entrenamiento del sueño. Ahora usted sabe que mientras más tiempo un bebé o un niño pequeño esté acostumbrado a comportarse de cierta manera, como mecerse para dormir, más tendrán que luchar por dejar de hacerlo. Para cuando un niño pequeño tenga dos años, lograr que deje de dormirse en su cama o en el sofá va a ser mucho más difícil. Cambiar la rutina más tarde va a implicar mucha más resistencia y mucho más dolor. Dicho esto, si usted permanece calmado y constante, el entrenamiento del sueño por lo general tendrá éxito a cualquier edad. Es sólo que seis meses es el primer y a menudo el mejor momento para probarlo. Después de eso, a medida que su bebé se convierte en un niño pequeño, puede que no sea tan fácil, y su hijo también podrá salir de su cuna y usar sus palabras para hacer que usted se sienta como un padre terrible, ¡así que puede ser mejor empezar antes!

A continuación, nos sumergimos en las principales técnicas para el entrenamiento del sueño - Desapareciendo, Llorando, Recogiendo, Dejando y Acampando. Estudiamos qué bebés (y padres) son los más adecuados para cada método, y por qué el Desvanecimiento es el que tiene más probabilidades de éxito para muchas familias. Luego analizamos por qué, desafortunadamente, el entrenamiento del sueño podría fallar, y qué hacer si eso sucede. A menudo, es simplemente un caso de volver a intentarlo más tarde. Y recuerda, como siempre, que si no funciona, o lo encuentras demasiado difícil, entonces puedes volver a lo que has estado haciendo y olvidarte de ello por completo, sabiendo que lo intentaste. Como padre, es tu decisión.

En el Capítulo Seis cubrimos los horarios de las siestas para diferentes edades, y por qué las siestas diurnas son la clave para dormir bien de noche. También estudiamos qué hacer si su bebé no quiere dormir la siesta. Luego pasamos a la regresión del sueño, y cómo manejarlos en cada etapa, y lo que es más importante, por qué suceden. Como gran parte de la crianza de los hijos, saber lo que es normal desde el punto de vista del desarrollo puede hacer que sea mucho más fácil lidiar con ella . Aquí, también nos fijamos en cómo los padres solteros y los que cuidan a los gemelos pueden manejar el sueño, las siestas y la crianza en general - los dos consejos clave aquí, y para todos los padres, son cuidar de ellos mismos y buscar ayuda si la necesitan.

Por último, nos fijamos en los bebés que lloran - lo que significa llorar, cómo calmarlo, cómo lidiar con el cólico en las primeras semanas. Luego cubrimos cómo controlar la enfermedad y el sueño, y cómo prevenir las enfermedades infantiles en la medida de lo posible.

Espero que ahora tenga mucha información y confianza para lidiar con el sueño de su bebé. Aunque no existe un secreto mágico para dormir bien en los primeros meses, hay mucho que usted puede hacer para mover las cosas en la dirección correcta. Sin embargo, trate de no culparse a sí mismo si le resulta difícil sobrellevar un sueño interrumpido y al mismo tiempo tratar de seguir adelante con otros elementos de su vida, como el trabajo y otras relaciones. Es normal, en los primeros años, estar funcionando con muy poco sueño y no sentirse lleno de energía, y muchos otros padres están en el mismo barco. En todo caso, estos años le enseñarán a ser un poco más comprensivo con aquellos que te rodean que parecen cansados y fuera de sí - es muy posible que tengan un bebé muy pequeño en casa, manteniéndolos despiertos por la noche.

Buena suerte, y que disfrute del viaje!

www.ingramcontent.com/pod-product-compliance
Lightning Source LLC
Chambersburg PA
CBHW022009120526
44592CB00034B/758